Die Angaben in diesem Buch wurden von mir mit größter Sorgfalt recherchiert und zusammengestellt. Dennoch sind Fehler nicht völlig auszuschließen. Ich weise darum darauf hin, dass ich weder eine Garantie noch die juristische Verantwortung oder irgendeine Haftung für Folgen übernehme, die auf falsche oder fehlerhafte Angaben in diesem Buch zurückzuführen sind. Ich bin jedoch dankbar, für die Meldung dieser Fehler, um sie in einer Neuauflage dann korrigieren zu können.

Die in diesem Buch aufgeführten Hardware- und Softwarebezeichnungen und Stichworte sind in vielen Fällen als eingetragene Warenzeichen geschützt, auch dann, wenn dies im Text nicht durch ein (R) vermerkt ist.

Die Nutzung der im Buch aufgeführten Screenshots erfolgt mit Genehmigung von Microsoft, zu den auf der Seite https://www.microsoft.com/de-de/rechtliche-hinweise/urheberrecht.aspx gegebenen Nutzungsbedingungen.

Heiko Reckert

Microsoft Word und PowerPoint 2016

für Projekt- und Studienarbeiten

Ein Schnelleinstieg

Bibliografische Information der Deutschen Nationalbibliothek:
Die Deutsche Nationalbibliothek verzeichnet diese Publikation in der Deutschen Nationalbibliografie; detaillierte bibliografische Daten sind im Internet über dnb.dnb.de abrufbar.

© 2016 Heiko Reckert

Herstellung und Verlag:

BoD – Books on Demand, Norderstedt

ISBN: 9783741205545

Inhaltsverzeichnis

1. Vorwort — 9

2. Zeitmaschine Computer — 11
2.1 Die Bestandteile eines modernen PC-Systems — 11
2.1.1 Hardware: — 12
2.1.2 Software: — 12
2.1.3 Tastatur — 12
2.2 Das BIOS und das Betriebssystem — 14

3. Grundlagen von Windows — 17

4. Die Programme — 21
4.1 Das Office Paket — 21

5. Viel zu sagen mit Word — 23
5.1 Word Grundlagen — 23
5.2 Das Aussehen des Bildschirms — 24
5.3 Der erste Text — 28
5.4 Etwas über Dateiformate — 29
5.5 Formatierung des Textes — 31
5.5.1 Erste Korrekturen und Rechtschreibkontrolle — 31
5.5.2 Absätze — 32
5.5.3 Fett und kursiv — 33
5.5.4 Die Schriftart verändern — 34
5.5.5 Aufzählungen — 34
5.5.6 Unterschiede - Neuer Absatz, Neue Zeile — 36
5.5.7 Absatzformate, Zeilenabstände und Tabulatoren — 37
5.5.8 Seite einrichten — 39
5.5.9 Abspeichern der Arbeit — 40
5.5.10 Weitere Formatierungen — 40

5.6 Was man für eine längere Arbeit noch wissen muss	41
5.6.1 Fuß- und Kopfzeilen	41
5.6.2 Fußnoten	42
5.6.3 Bilder und Tabellen	43
5.6.4 Beschriften von Grafiken und Tabellen	45
5.6.5 Kapitelüberschriften	45
5.6.6 Inhaltsverzeichnis	47
5.7 Rechtschreibung	48
5.8 Umbrüche	49
5.9 Drucken	51
5.10 Word Optionen	51
5.11 SmartArt	53
5.12 Das Ribbon Überprüfen	54
5.13 Wenn noch Fragen offen sind	55
6. Präsentieren mit PowerPoint	57
6.1 Was ist PowerPoint?	57
6.2 Der Start	57
6.3 Der Arbeitsbereich	58
6.4 Vorlagen	59
6.5 Erste Schritte	59
6.6 Mehr Möglichkeiten	63
6.7 Foliensortierung und Überblendungen	65
6.8 Multimediale Inhalte einbinden und Hyperlinks setzen	66
6.9 Präsentieren, was wir zeigen wollen	68
7. Lass Zahlen sprechen - Excel	71
7.1 Was ist eine Tabellenkalkulation?	71
7.2 Grundlegendes	72
7.3 Veränderungen an Tabellen	76
7.3.1 Zeilen einfügen	76
7.3.2 Spaltenbereiten	76

7.3.3 Werte ändern	77
7.3.4 Weitere Funktionen	78
7.3.5 Optische Hervorhebung von Zeilen	78
7.3.6 Bilder sagen mehr als Zahlen	78
7.4 Übertragen in Word und PowerPoint	81
8. Ribbons selbst anpassen	83
9. Nachwort und letzte Tipps	85
10. Einige wichtige Tastenkürzel	86
11. Stichwortverzeichnis	87

1. Vorwort

Heute sind wir an den Umgang mit Computern in unserem täglichen Leben gewöhnt. Vom Fahrkartenschalter im Bahnhof bis zum Geldautomaten an der Bank begegnen uns moderne Rechensysteme. Auch wer keinen eigenen PC oder kein Notebook besitzt, hat immer wieder mit Computern zu tun. In den meisten Fällen haben wir heute unseren mobilen Computer in Form eines Smartphones stets dabei.

Der Chat über Facebook oder eine kurze E-Mail sind schnell verfasst. Doch was, wenn wir in der Schule, im Beruf oder im Studium eine längere Arbeit erstellen müssen und schnell Hilfe dabei benötigen? Klar, es gibt viele Bücher über Microsoft Office. Ein umfassender Ratgeber für 39,90 Euro mit rund 1100 Seiten (von denen wir vielleicht 1000 überhaupt nicht lesen werden, da wir weder Serienbriefe verfassen, noch OneNote benötigen. Ein Handbuch zum gleichen Preis und ebensovielen Seiten, dass uns über Outlook aufklärt und Tipps zur Erstellung eigener Vorlagen gibt. Aber wer hat schon die Zeit über 1000 Seiten durchzulesen, um dann eine 30-seitige Arbeit zu erstellen? Um Missverständnisse zu vermeiden: Wer Office in seiner ganzen Bandbreite kennenlernen möchte und die Zeit und Muße hat, 1000 Seiten durchzuarbeiten, der sollte dies auf jeden Fall machen. Wer erwartet, dass man Word, PowerPoint und Excel in fünf Minuten lernen kann, sollte zur Schreibmaschine greifen. Dieses Buch ist der Mittelweg. Ich habe versucht, die für die Erstellung einer Arbeit (Hausarbeit, Studienarbeit, Projektarbeit, Diplomarbeit) relevanten Bereiche von Office in komprimierter Form zu beschreiben. Dabei ist das Buch so angelegt, dass wir mit verschiedenen Demotexten arbeiten und daran dann die jeweiligen Formatierungen und Änderungen »durchspielen«. Selbstverständlich kann hier jeder auch seine eigenen Texte als Basis der Übungen nehmen.

Wir behandeln in diesem Buch folgende Programme:
   Textverarbeitung – am Beispiel von Microsoft Word 2016
   Präsentation – am Beispiel von Microsoft PowerPoint 2016

Tabellenkalkulation – am Beispiel von Microsoft Excel 2016

Auf Outlook, OneNote, Access und weitere Programme habe ich in diesem Buch verzichtet, da sie nicht unbedingt zur Erstellung einer Arbeit wichtig sind.

Die Beschreibungen gelten für Office in der Version 2016. Allerdings lassen sich so gut wie alle Befehle auch auf Office 2013 anwenden, sehr viele auf Office 2010 und auch Besitzer von Office 2007 werden die meisten Anweisungen relativ schnell finden.

Die hier benutzten Übungstexte stammen teilweise aus meinem Buch »Public Relations für Bäderbetriebe« (ISBN-13: 978-3946128090), das 2015 im Litho Verlag erschienen ist und über den Buchhandel bestellt werden kann.

Heiko Reckert
August 2016

2. Zeitmaschine Computer

Bevor wir uns etwas später mit dem eigentlichen Office-Paket und seiner Bedienung beschäftigen, will ich einen kurzen Überblick über Computer und ihre Entwicklung geben.

Für die älteren Leser werden Begriffe wie Disketten, Nadeldrucker oder gar der Begriff Datasette noch etwas bedeuten. Und vielleicht kennt sogar der eine oder andere Teilnehmer noch Lochkarten. Heutige Nutzer kennen solcherlei Technik nur noch aus dem Museum. Alt und unendlich laaaangsam ist diese Technik.

Heute sind Computer natürlich kleiner, schneller und (meistens) auch zuverlässiger als die Geräte aus den frühen Anfängen. Aufgrund der vielen Möglichkeiten moderner Rechner sind sie aber nicht immer einfach zu bedienen. Dies trifft auf die Computer genauso zu, wie auf die Betriebssysteme oder die darauf eingerichtete Software. Kommt es dann noch zur Vernetzung der einzelnen Geräte, z.B. weil man sein Smartphone mit dem PC synchronisieren will, setzt dies schon eine gewisse Fähigkeit im Umgang mit Computern voraus. Nicht selten verbringen wir Stunden vor dem PC und finden doch den Fehler nicht, warum der Drucker nicht druckt oder warum die Maus nur ab und zu mal reagiert. Diese ärgerlichen Fehler führen dann oft dazu, dass wir erst gar nicht zur Eingabe unseres Textes kommen, sondern uns noch wundern, warum die Tastatur gerade nicht reagiert.

Wichtig ist es darum, zunächst zu verstehen, was ein Computer ist und wie er „denkt", um ihn dann auch entsprechend bedienen zu können. Wir beginnen in diesem Kurs ganz an Anfang. Viele der nachfolgenden Bemerkungen sind darum vielleicht schon bekannt. Wer sich bereits mit Computern und ihren Betriebssystemen auskennt, darf darum getrost bei Kapitel 4 weiterlesen.

2.1 Die Bestandteile eines modernen PC-Systems

Heute besteht ein modernes Computersystem in der Regel aus folgenden Komponenten:

2.1.1 Hardware:

- Computer (mit den notwendigen Komponenten für Ton und Grafikaufarbeitung, also einem Motherboard mit Grafik- und Soundkarte)
- Massenspeicher (interne oder externe Festplatten / CD / DVD / Speicherkartenlesegeräte / USB-Sticks). Selten kommen noch ZIP- oder Diskettenlaufwerke vor. Oft finden sich inzwischen schon DVD-Laufwerke im Format Blue-Ray.
- Tastatur
- Maus (gelegentlich auch ein Grafik-Tablett)
- Drucker
- Scanner

Darüber hinaus können Computersysteme noch durch weitere Geräte ergänzt werden:

- Headset (zum Beispiel zur Nutzung von Telefondiensten wie Skype oder zur Spracherkennung mit entsprechender Software)
- Webcam
- MP3-Player
- eBook-Reader
- Tablett PC
- Smartphone
- DSL-Router (früher noch analoges Modem)

2.1.2 Software:

Betriebssystem (Windows 7,8,10, Linux oder Mac OS)
   Anwendungssoftware für Textverarbeitung, Bildbearbeitung, Videobearbeitung, Tabellenkalkulation, Internet- und E-Mail-Dienste

2.1.3 Tastatur

Da die Tastatur neben der Maus das zweite wichtige Eingabegerät ist, wollen wir uns diese etwas genauer ansehen.

Einige der hier dargestellten Tasten werden wir im weiteren Verlauf des Kurses benötigen. Dies sind z.B. die Strg-Taste und die Return-Taste.

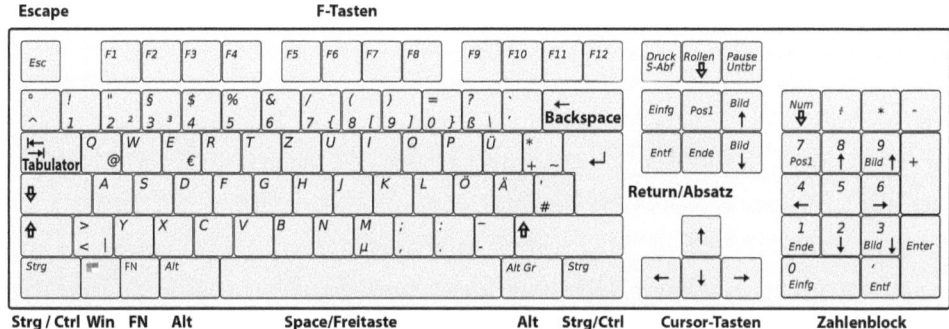

Abb. 1 Tastaturlayout mit FN Taste

Escape Taste:

Mit Escape (oft auch nur mit »Esc.« beschriftet) kommen wir in vielen Fällen zum vorigen Bildschirm, der vorigen Einstellung oder der vorigen Option zurück.

Funktion-Tasten (F1 - F12)

Hinter den Funktionstasten verbergen sich, abhängig vom Programm, diverse Funktionen. Oft werden sie in Verbindung mit der Strg oder Alt, bei Notebook auch mit der FN Taste verwendet.

Return-Taste

Bestätigt Befehle oder macht einen Absatz.

FN-Taste

Findet sich nur bei Notebook-Tastaturen. Über die Kombination der FN Taste und den F-Tasten lassen sich notebookspezifische Befehle (Einschlafen, erweiterter Bildschirm, Lautstärke und/oder Helligkeit, WLAN Empfang an/

aus) bestimmen. Diese Einstellungen sind von Anbieter zu Anbieter unterschiedlich, so dass hier eine genaue Beschreibung nicht möglich ist. Die jeweilige Funktion der FN Taste mit den F-Tasten ist auf den F-Tasten blau vermerkt.

Strg-Tasten

Die Strg-Tasten, manchmal auch als Ctrl-Tasten bezeichnet, werden in Verbindung mit anderen Tasten benutzt, um Tastaturbefehle aufzurufen. Eine wichtige Kombination ist Strg und Z, um den letzten Befehl oder die letzte Eingabe zurückzunehmen. Mit Strg und C wird markierter Text ausgeschnitten, mit Strg und V eingefügt.

Alt-Taste / AltGr Taste

Die Alt-Tasten werden ebenfalls in Verbindung mit anderen Tasten benutzt, um Tastaturbefehle aufzurufen.

2.2 Das BIOS und das Betriebssystem

Grundlage jedes Rechnersystems ist das so genannte BIOS, das Basic Input Output System. Auf diesem Minibetriebssystem baut das eigentliche Betriebssystem auf. Da wir am BIOS in der Regel nichts ändern müssen, wollen wir es an dieser Stelle nicht weiter behandeln. Es begegnet uns nur jeweils kurz beim Start des Computers.

Basis zum Ausführen unserer Anwendungssoftware ist das Betriebssystem. Bei modernen Computern ist dies heute fast immer Windows in der Version 7 oder 8 oder 10. Darüber hinaus sind noch wenige Systeme mit verschiedenen Linux-Versionen verbreitet. Besitzer eines Apple-Rechners nutzen das Mac-OS. Wir werden uns in diesem Manuskript ausschließlich mit dem Betriebssystem Windows in den Versionen 7/8/10 beschäftigen. Alle weiteren Betriebssysteme sind aufgrund ihrer eher geringen Verbreitung zu vernachlässigen.

Moderne Betriebssysteme arbeiten heute alle mit einer grafischen Bediener-Oberfläche, dem sogenannten Graphic User Interface (GUI). Dies sieht bei allen Systemen ähnlich aus und ist in den Grundzügen auch gleich zu bedienen. Beim Starten des Betriebssystems werden wir in der Regel sofort (oder nach der Eingabe unseres Nutzernamens und Passwortes) mit der grafischen Oberfläche, dem Desktop begrüßt. Unter Windows 8 empfing uns hier ein Kachelmenü.

Um auf der Grundlage des Betriebssystems unsere Anwendungssoftware laufen zu lassen, müssen wir uns zunächst mit einigen grundlegenden Regeln der Bedienung des Betriebssystems vertraut machen. Die gängigen Systeme arbeiten als so genannte Multitasking-Systeme, das heißt, man kann mit ihnen mehre Arbeiten gleichzeitig durchführen und somit auch mehrere Programme zusammen ausführen. Allerdings lässt bei der gleichzeitigen Nutzung z.B. von Textverarbeitung, Grafikbearbeitung und Tabellenkalkulation bei älteren Systemen die Leistung stark nach, was ein flüssiges Arbeiten, insbesondere mit längeren Texten und vielen Grafiken, kaum möglich macht. Es empfiehlt sich darum, nur so viele Programm gleichzeitig geöffnet zu haben, wie unbedingt benötigt werden. Insbesondere im Hintergrund laufende Programme wie Skype, Musikprogramme, Virenscanner, Druckermonitor oder aber auch diverse Desktop Gadgets belegen Arbeitsspeicher und Rechenleistung. Allerdings sollte man auf einen Virenscanner auf gar keinen Fall verzichten.

Alle Daten und Programme werden bei Betriebssystemen in „Fenstern" (engl. Windows) dargestellt oder ausgeführt.

3. Grundlagen von Windows

Wenn wir das Betriebssystem Windows 10 starten, gelangen wir direkt auf den so genannten Desktop, den Schreibtisch. Etwas anders verhält es sich bei Windows 8, das mit einer Kacheloberfläche startet. Hier werden Programme auch anders aufgerufen, als mit Windows 7/10. Um dennoch ein Windows 7 Feeling auch unter Windows 8 zu erreichen, empfehle ich die Sofware »Classic Start Menü«, die den unter Windows 8 verschwundenen Start-Button wieder herstellt und eine Bedienung ermöglicht, die in etwa so wie bei Windows 7 ist. Alternativ sollte man sofort auf Windows 10 Wechseln, was ein Startmenü in Verbindung mit einer Kacheloberfläche bietet und somit beide Welten vereint.

Wir gehen aufgrund der weiten Verbreitung in dieser Beschreibung vorwiegend von der Bedienung unter Windows 10 aus.

Arbeiten wir das erste Mal an diesem Rechner, so verschaffen wir uns am besten zunächst einen Überblick über die dort installierte Software. Dazu gehen wir mit dem Mauszeiger in die linke untere Ecke. Dort steht bereits oder erscheint die so genannte Taskleiste. Beim Klick mit der linken Maustaste auf das **Windows Logo**[1] öffnet sich ein Fenster mit der Möglichkeit, aus einer Liste Programme auszusuchen. Je nach Windows-Version unterscheidet sich diese Auswahl leicht bzw. lässt sich optisch in den Windows Einstellungen variieren.

Unter dem Link **Alle Apps** verbergen sich in der Regel die von uns benötigten Anwendungsprogramme. Rechts daneben finden wir das Kachelmenü, das wir beliebig mit unseren Apps und Programmen anpassen können. Unter Windows 8 ohne Modifikation finden und starten wir Programme direkt über die Kacheloberfläche, indem wir auf die betreffende Kachel klicken.

---

[1] Im weiteren Verlauf des Buches werden Tasten, die wir drücken oder Schaltflächen, die wir anklicken können, jeweils in Kapitälchen formatiert.

Zunächst wollen wir aber noch kein Programm starten. Wir sind damit zufrieden, dass wir hier die Schaltflächen für Word und PowerPoint gefunden haben. Durch einen Klick auf den leeren Bereich des Desktops schließen wir das Startfester.

Wahrscheinlich sind die Dateien, die wir lesen (öffnen) wollen, irgendwo auf unserer Festplatte. Durch einen Klick auf **DIESER PC / EXPLORER** können wir uns einen Überblick über die Festplatten und Laufwerke auf unserem Rechner verschaffen.

Es kann sein, dass uns das Fenster **DIESER PC** nicht in voller Größe angezeigt wird. Um ihn auf die ganze Monitorbreite zu vergrößern, gehen wir mit der Maus an den rechten oberen Rand des Fensters und klicken auf das Quadrat. Bei einem Klick auf das Kreuz würde sich das Fenster schließen. Bei einem Klick auf den waagerechten Balken würde das Fenster vom Desktop verschwinden, würde aber noch in der Taskleiste angezeigt und ließe sich durch einen Klick darauf in der Taskleiste wieder hervorholen.

Nun sollten wir verschiedene Symbole mit der Beschriftung A: (das ist bei Rechnern, die so etwas noch haben, das Diskettenlaufwerk) C: (das ist die erste Festplatte) und D: (zweite Festplatte oder CD-Laufwerk) finden. Mögliche andere angeschlossene Laufwerke, wie externe Festplatten, Cardreader, digitale Fotoapparate, MP3-Player oder USB-Sticks werden fortlaufend mit Buchstaben gekennzeichnet. Hinzu kommt vielleicht noch ein Netzwerklaufwerk oder andere über WLAN oder LAN angeschlossene Geräte wie Mediaplayer, oder Sat-Receiver.

Der Klick auf das **LAUFWERK C:** zeigt uns den Inhalt an. In der Regel sind Daten dort in Ordnern abgelegt. Wir können die Größe der Ordnersymbole verändern, indem wir auf das Feld **ANSICHTEN** in der Navigationsleiste klicken oder in der Menüleiste die gewünschte Darstellung unter **ANSICHT** auswählen.

Ordner anlegen

Zunächst legen wir für unsere spätere Arbeit einen neuen Ordner an. Um diesen später schnell wieder zu finden, legen wir den Ordner direkt auf unserem Desktop ab. Dazu schließen wir unseren Arbeitsplatz zunächst und klicken dann irgendwo auf unserem Desktop mit der rechten Maustaste. In dem dann erscheinenden Auswahldialog wählen wir die Option **Neu** und darunter dann den Befehl **Ordner**. Der Ordner mit der Beschriftung „Neuer Ordner" erscheint sofort. Noch ist der Titel des Ordners markiert. Das bedeutet, wenn wir ihn umbenennen wollen, können wir dies einfach durch die Eingabe des neuen Namens tun. Wir nennen den Ordner einfach „Übungsordner". Wenn wir nun zwei Mal auf das Ordnersymbol klicken, öffnet er sich. Da der Ordner aber noch leer ist, schließen wir ihn sofort wieder und kehren zum Desktop zurück. Die Grundlagen für unsere weitere Arbeit haben wird gelegt.

4. Die Programme

Auf einem modernen Rechner sind in der Regel zahlreiche Programme installiert. Oft sind auf dem System schon beim Verkauf ein Office Paket, E-Mail, Browser und eine Bildebearbeitung. Leider sind diese Programme in der Regel nicht kostenlos, sondern zum Teil mehrere hundert Euro teuer. Insbesondere bei der auf vielen neuen Rechnern schon installierten Office Version handelt es sich meisten um eine Testversion, die nach 30 oder 60 Tagen ihre Funktion einstellt oder um eine abgespeckte Light-Version die außer den grundlegenden Funktionen nichts mitbringt.

An dieser Stelle fragen sich viele Nutzer, ob man nicht besser zur einer kostenlosen Alternative greifen sollte, also statt Microsoft Office besser Libre Office, statt . Adobe Photoshop besser Gimp, statt Illustrator lieber Inkscape und statt Adobe InDesign eher Scribus.

Für den Bereich des Office Paketes lässt sich sagen, dass man zwar mit LibreOffice auch zum Ziel kommt, insbesondere im Bereich der Präsentation aber deutlich länger braucht, um gleichermaßen ansprechende Ergebnisse zu erreichen, sodass sich, gerade wenn Zeit ein wichtiger Faktor ist, die Nutzung von Microsoft Office, trotz des Preises anbietet.

4.1 Das Office Paket

Die Office Pakete haben sich aus den einzelnen Programmen zu den Bereichen Textverarbeitung, Tabellenkalkulation, Präsentation und Datenbank entwickelt.

Dies sind, abhängig von der Office Version, folgende Komponenten:
Word, ein Programm zur Textverarbeitung
Excel, ein Programm zur Tabellenkalkulation
Access, ein Datenbankverwaltungssystem (nur Windows)
Outlook (ein Mail-Client, Terminplaner)
PowerPoint, ein Programm zur Erstellung von Präsentationen

Publisher, ein Desktop-Publishing-Programm (nur Windows)

OneNote, ein Notizbuch zum Abgleich verschiedener Notizen zwischen mehreren Rechnern (auch als App für iOS und Android)

Wir behandeln in diesem Skript nur das Office Paket von Microsoft in der Version 2016. Ältere Office Versionen waren in verschiedenen Ausgaben erhältlich, die allerdings zum Teil erheblich im Funktionsumfang eingeschränkt waren. Seit Office 2013 wird neben den verschiedenen Kaufversionen auch eine Mietversion unter dem Namen Office 365 angeboten. Diese ist im Umfang nicht eingeschränkt und ist wie eine Vollversion zu nutzen.

Diese Handreichung wird sich nur mit Word, PowerPoint und Excel beschäftigen.

5. Viel zu sagen mit Word

5.1 Word Grundlagen

Eine Kernanwendung bei Computern ist die Textverarbeitung. Es gibt verschiedene Programme, die wir zur Textverarbeitung nutzen können. Unseren Anforderungen wird das Programm Word von Microsoft, wie oben beschrieben, am ehesten gerecht. Es ist sehr einsteigerfreundlich da alle Teile des Office Paketes eine einheitlich Bediendungsführung haben.

Wir gehen in dieser Handreichung von Word in der Version 2016 aus. Die meisten Anweisungen lassen sich so aber auch in älteren Versionen 2013/2010/2007 umsetzen. Noch ältere Wordversionen unterschieden sich erheblich davon, weshalb aus Platzgründen und aus Gründen der Übersichtlichkeit, darauf hier nicht weiter eingegangen werden soll.

Dabei soll diese Beschreibung kein Handbuch zu Word sein, sondern nur eine Kurzeinführung in die für die Erstellung und die spätere Präsentation unserer Arbeit wichtigen Schritte.

Bei allen Beschreibungen im Buch ist stets zu beachten, dass in vielen Fällen mehrere Wege zum Ziel führen. So kann ich z.B. einen kopierten Text mit dem Kontextmenü der Maus (rechte Maustaste drücken) und dort dem Befehl **EINFÜGEN** einfügen, gleiches geht aber auch, indem ich die Tastenkombination **STRG+V**[2] drücke. In den meisten Fällen habe ich exemplarisch eine Version gewählt, die zum gewünschten Ziel führt. Ob aber jemand lieber mit der Tastatur oder mit der Maus sein Programm bedient, ist natürlich individuell und bleibt jedem selbst überlassen. Eine Bedienung über Touch-Bildschirme wird in dieser Handreichung jedoch nicht besprochen.

---

[2] Bei Tastenkombinationen steht das »+« nicht für eine zu drückende Taste, sondern gibt an, dass die davor und dahinter aufgeführten Tasten gleichzeitig gedrückt werden sollen.

5.2 Das Aussehen des Bildschirms

Wir starten Word, wie im vorhergehenden Kapitel beschrieben. Zunächst gelangen wir dann in ein Übersichtsmenü. Auf der linken Seiten sind alle Word Dateien aufgelistet, die wir zuletzt geöffnet hatten. Klicken wir auf eine

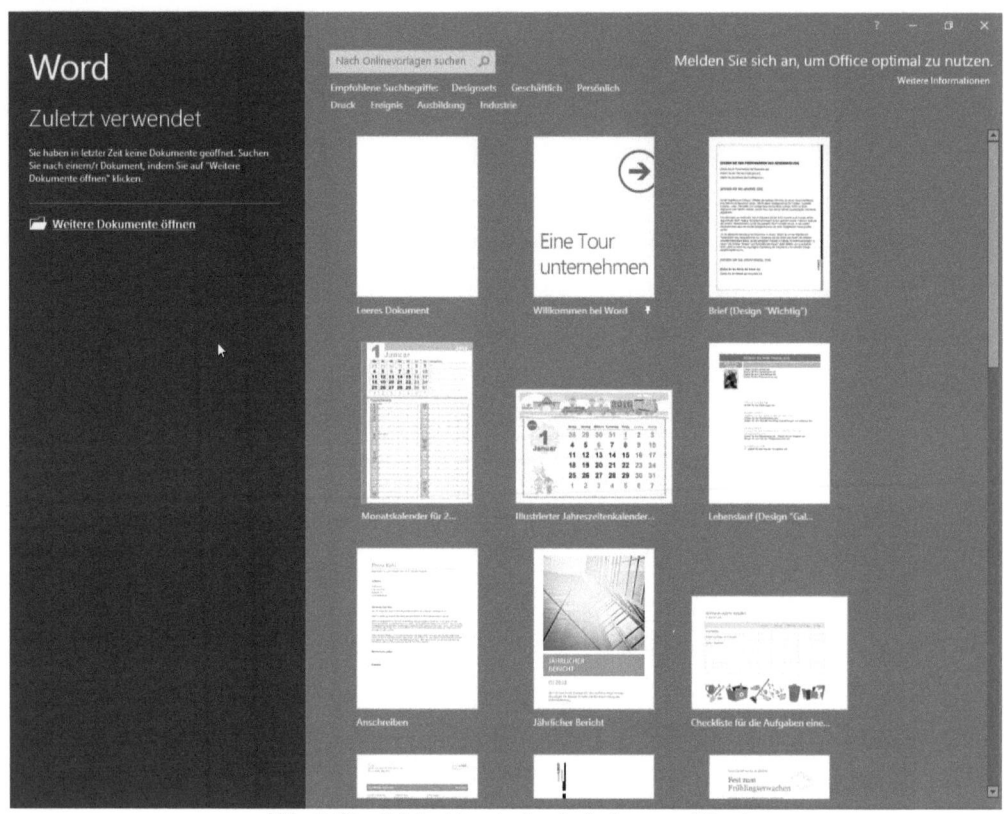

Abb. 2 Startbildschirm beim Aufrufen von Word

dieser Dateien, so öffnet sich das betreffende Dokument. Rechts finden wir einige Vorlagen. Neben einem leeren Dokument finden wir auch ein Dokument, dass »Willkommen bei Word« heißt. Ein Doppelklick darauf zeigt uns, was uns alles erwartet. Nachdem wir uns von diesem Dokument haben inspirieren lassen, schließen wir es wieder. Mit ihm schließt auch Word. Nach einem Neustart kommen wir wieder zurück zu unserem Übersichtsmenü und öffnen nun eine leere Seite mit einem Klick auf **LEERES DOKUMENT**. Der Word Desktop sieht dann etwa so aus, wie in der Grafik unten.

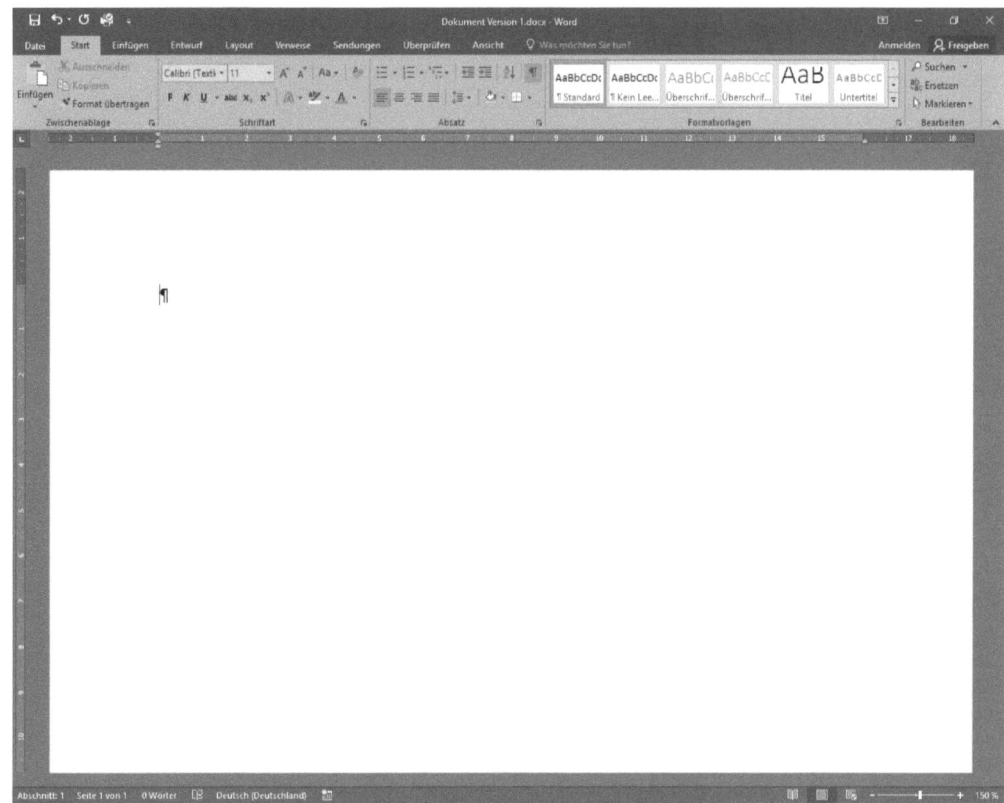

Abb. 3 Leeres Dokument in Word

Die klassische Menüstruktur und die üblichen Symbolleisten, die man von vorangegangenen Office-Versionen kennt, wurden ab Version 2007 durch eine Multifunktionsleiste / Schnellstartleiste (Ribbon = Englisch für Band) ersetzt. Oft benötigte Funktionen sollen so schneller erreichbar sein. Die Multifunktionsleiste enthält in Gruppen gefasste Befehle. Diese werden ergänzt durch Listenfelder und Dialogfelder. Je nach Arbeitsbereich stehen verschiedene Leisten zur Verfügung, die wie ein Register einzeln aufgerufen werden können.

Die Standard-Register einer Office-Anwendung werden unter Umständen durch weitere Register ergänzt, die situationsabhängig erscheinen, z.B. wenn wir gerade an einer Grafik arbeiten oder ein Diagramm erstellen.

Die Ribbons sind vom System her in allen Anwendungen von Office identisch. Seit der Version 2013 ist es überdies möglich, diese Ribbons beliebig anzupassen. Wie wir uns ein Ribbon speziell für unsere Arbeit zusammenstellen, wird später erklärt.[3]

Manche Programme andere Anbieter erstellen bei der Installation ein weiteres Ribbon. Dies ist z.B. bei Texterkennungssoftware der Fall oder bei Programmen wie dem Duden Korrektor oder Adobes Acrobat Professional.

Links neben dem ersten Ribbon **START** finden wir eine weitere Schaltfläche mit der Bezeichnung **DATEI**. Dahinter verbergen sich diverse Befehle zum Laden, Speichern Drucken und Freigeben einer Datei. Darüber finden wir eine weitere Leiste für den Schnellzugriff über die wir ebenfalls Befehle wie Speichern und Drucken aufrufen können.

Durch einen Klick auf den nach unten Pfeil am rechten Ende der Leiste können wir diese um weitere Befehle erweitern.

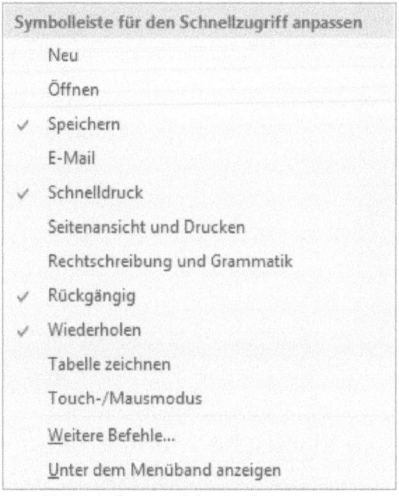

Abb. 4 Auswahl zur Anpassung der Schnellzugriffsleiste

In der rechten oberen Ecke finden wir neben den Symbolen zum Schließen und Verkleinern des Word Fensters auch einen kleinen Button, um die Menüleisten (Ribbons) auszublenden. Darunter wird, sofern wir mit einem Microsoft Konto verbunden

---

[3] Je nach Desktopauflösung sehen die einzelnen Symbole in den jeweiligen Leisten unter Umständen etwas breiter oder schmaler aus. Word passt die Symbole so an, dass immer alle wichtigen Befehle auf dem Bildschirm sichtbar ist. In älteren Wordversionen schnitt das Programm bei schmalen Fenstern zum Teil die Befehle am rechten Bildschirmrand einfach ab. Ein Rechtsklick auf die Leiste öffnet mehrere Optionen zur Anpassung oder zum Ausblenden der Leiste.

sind, der Zugang zu diesem Konto angezeigt. An dieser Stelle wollen wir aber nicht weiter auf die Online-Konnektivität von Word eingehen. Wir speichern für unsere Übungen alle Daten auf der Festplatte des Computers.

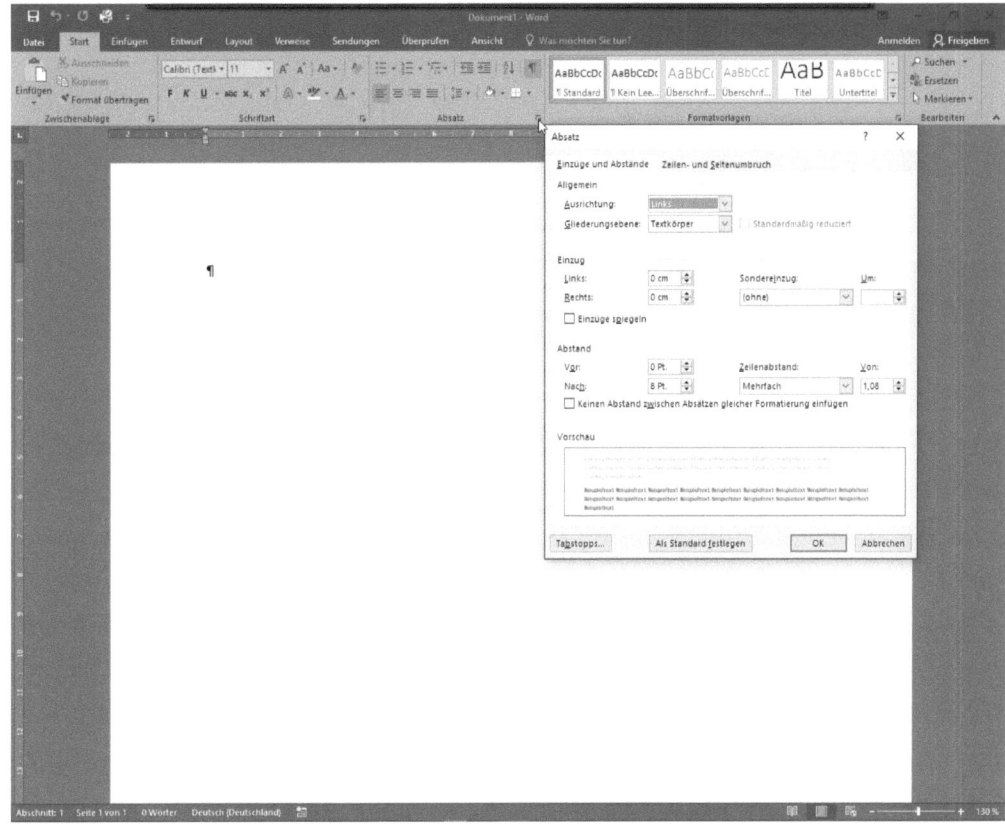

Abb. 5 Weitere Einstellmöglichkeiten zur Absatzformatierung.

Zunächst schauen wir uns nur das erste Ribbon **START** an.

Hier finden wir alle wichtigen Funktionen, die wir immer wieder bei der Arbeit mit Word benötigen. Das sind Einstellungen zur Schriftart, Schriftgröße und zur Absatzformatierung. Daran anschließend finden wir noch Formatvorlagen, mit denen wir schnelle Textformatierungen vornehmen können, und diverse weitere Befehle. Auch die Befehle zum Kopieren, Einfügen und Ausschneiden befinden sich in der Startleiste.

Die Buttons sind jeweils in Bereiche unterteilt. Alles was mit Schrift zu tun hat unter **SCHRIFTART** und alles was mit der Formatierung des Absatzes zu tun hat unter **ABSATZ**. Ein Klick auf den Pfeil am rechten unteren Rand der jeweiligen Rubrik öffnet ein weiteres Menü (sofern es weitere Einstellungen gibt), das zusätzliche Einstellungen im jeweiligen Bereich zulässt (siehe Abb. 5).

5.3 Der erste Text

Zunächst sehen wir auf unserem Bildschirm eine leere Seite. Hier können wir nun unseren ersten Text eingeben.

Wir geben folgenden Text ohne jede Formatierung ein:

Checkliste für eine Befragung Um mit einer vielleicht groß angelegten Befragung keine Bruchlandung zu erleiden, sollten wir vorher Schritt für Schritt die einzelnen Etappen noch einmal durchgehen und uns zu jeder Frage überlegen, ob wir eine ausreichende Antwort darauf haben. Bevor es dann mit der Befragung losgeht, sollten wir uns nochmals folgende Checkliste vornehmen. Haben wir an alles geedacht? Haben wir das Problem bzw. die zu erforschende Frage klar definiert? Haben wir die zur Frage passende Zielgruppe ausgesucht? Haben wir uns für eine stimmige Befragungsform entschieden? Haben wir die Fragen verständlich formuliert? Haben wir einen Pretest gemacht ums Fehler der Befragung zu erkennen? Haben wir Ort und Zeitraum der Befragung definiert? Lassen sich die Ergebnisse gewinnbringend auswerten? Gibt uns die Umfrage Antworten, aufgrund derer wir Veränderungen in unserem Angebot vornehmen können?[4]

Wir speichern diesen Text nun als „Text 1" ab. Dazu gehen wir mit der Maus auf das Diskettensymbol ganz oben links. Alternativ können wir auch auf **DATEI** klicken.

Im nachfolgenden Fenster haben wir die Möglichkeit, den Speicherort zu bestimmen. Leider ist die Speicheroption unter Word 2016 sehr unübersicht-

---

[4] Bitte hier die Fehler im Text zu Testzwecken mit eingeben.

lich geworden, insbesondere deshalb, weil neben dem Speichern auf Festplatte hier auch sofort die Speichermöglichkeit auf OneDrive, dem Onlinespeicher von Microsoft, angeboten wird.

Wir klicken in der Rubrik **Speichern unter** auf Computer bzw. Dieser PC und dann weiter rechts auf Desktop bzw. den Ort, an dem wir unseren Übungsordner erstellt haben. Im erscheinenden Fenster geben wir den Namen der Datei ein und speichern diese.

Dann schließen wir Word und kehren zum Desktop zurück. Dort klicken wir uns wieder in den **Übungsordner**, wo wir nun eine Datei mit dem gewählten Namen finden. Wenn wir nun doppelt darauf klicken, startet automatisch Word. Vorausgesetzt, im System wurde die automatische Zuordnung von Dateien mit der Endung docx nicht mit einer anderen Anwendung verknüpft.[5]

Alternativ können wir die Datei auch laden, indem wir Word öffnen und im dort erscheinenden Startbildschirm links unter den zuletzt geöffneten Dateien unseren Text anklicken.

5.4 Etwas über Dateiformate

An dieser Stelle ist es sinnvoll, sich mit einigen Grundlagen der verschiedenen Dateiformate zu beschäftigen. Sowohl MS-Office Word als auch OpenOffice (Libre Office) Writer (als die beiden am weitesten verbreiteten Office-Programme) verwenden jeweils eigene Dateiformate. Zwar sind die Dateien zum Teil untereinander lesbar, doch kann es beim Import eines Fremdformates leicht zu Importfehlern kommen, die bei umfangreicheren Dateien mit vielen Bilder sehr störend sein können, bis hin zur Unleserlichkeit des Textes. Darum macht es Sinn, möglichst wenig zwischen den einzelnen Formaten zu wechseln. Insbesondere bei PowerPoint kann dies dazu führen, dass die Präsentation nicht mehr sinnvoll einzusetzen ist oder sogar schon beim Laden mit einem Fehler abbricht.

---

[5] Theoretisch kann man sein System auch so einstellen, dass es immer LibreOffice öffnet, wenn der Anwender auf eine Word-Datei doppelt klickt.

Nachfolgend eine Liste einiger Formate für Textverarbeitungen.

Word bis Version 2003: DOC

DOC kann von fast allen Programmen gelesen werden, da es lange Zeit als Standard für Textverarbeitungsdaten galt. Allerdings sind in diesem Format unter Umständen nicht alle Funktionen der jeweiligen Textverarbeitung nutzbar, da diese nicht mit der DOC-Datei gespeichert werden können. Darum macht dieses Format fast nur noch dann Sinn, wenn ein Dokument unbedingt abwärtskompatibel sein muss.

Word 2007/10/13/16: DOCX

DOCX kann nach zehn Jahren inzwischen ebenfalls von fast allen anderen Programmen gelesen werden. Allerdings von Word-Versionen vor 2007 auch nur mit entsprechendem Plugin. OpenOffice/Libre Office (in den aktuellen Versionen) sind ebenfalls in der Lage, DOCX-Files direkt zu lesen, was aber nicht immer fehlerfrei gelingt. Insbesondere die sogenannten SmartArts werden in OpenOffice gar nicht oder nur fehlerhaft bzw. unbrauchbar importiert. Zurzeit scheint der Importfilter von Libre Office, das ansonsten in großen Teilen OpenOffice entspricht, etwas besser mit dem Microsoft Format klar zu kommen. Doch auch hier ist oft noch ein großer Nachbearbeitungsaufwand nötig.

OpenOffice/Libre Office: ODT (Open-Document-Textfile)

Das ODT kann von allen OpenOffice Versionen ab 2, allen Libre Office Versionen und diversen anderen Programmen gelesen werden. Für ältere MS-Word Versionen gibt es inzwischen ein Plugin, das einen Import und Export von ODT-Files erlaubt. Diese Funktion ist in der Version 2016 bereits enthalten.

Für die anderen Programme aus den jeweiligen Office-Paketen gilt im Bezug auf den Import/Export Ähnliches.

Wenn möglich, sollte man für seine Arbeit das jeweils aktuelle Format des jeweiligen Programms wählen. Allerding muss man dabei immer im Auge behalten, dass man die Dateien dann auch nur auf einem System fehlerfrei lesen kann, dass die gleiche Office-Ausstattung hat.

5.5 Formatierung des Textes

5.5.1 Erste Korrekturen und Rechtschreibkontrolle

Zunächst müssen wir feststellen, dass im Text noch einige Fehler sind. Diese wurden uns von Word sofort angezeigt. Wir werden später noch genauer darauf eingehen, wollen uns unsere Fehler aber schon jetzt etwas genauer anschauen. Word hat erkannt, dass wir an einer Stelle beim Wort »durchgehen« das »r« vergessen haben und dass bei uns das Wort »gedacht« mit zwei »e« geschrieben wird. Diese Fehler hat das Programm erkannt, und sofort rot unterstrichen. Doch auch Word findet nicht jeden Fehler. So erkannte die Rechtschreibkontrolle z.B. nicht, dass das Wort »um« kurz hinter »Pretest« ein »s« zu viel am Ende hat. Auch kann es vorkommen, dass, haben wir einen Fehler einmal ignoriert, dieser dann als richtig erkannt wird. Im Beispielbild untern fand Word im Test gar keine Fehler mehr, obwohl alle von uns eingebauten »Vertipper« noch im Text stehen. Hier hilft nur ein Klick in **DATEI**, dann **OPTIONEN** und dort in **DOKUMENTPRÜFUNG** weiter. Dort gibt es eine Option **DOKUMENT ERNEUT PRÜFEN**. Erst danach findet Word die Fehler wieder.

100-prozentig können wir uns also nicht auf die Rechtschreibkontrolle verlassen. Hier hilft in der Regel nur, einen, der mit der Erstellung unserer Arbeit nichts zu tun hatte, zu bitten, das Script auf Fehler zu überprüfen. Merke: Seine eigenen Fehler findet man oft nicht, weil man sie immer wieder überliest.

5.5.2 Absätze

Nun wollen wir den Text etwas in Form bringen. Dazu machen wir zunächst einige Absätze. Um einen Absatz zu erzeugen, bewegen wir den Cursor durch den Text, bis er vor dem ersten Buchstaben des Wortes, bei dem der neue Absatz beginnen soll steht. Dann drücken wir die die **RETURN-TASTE (ABSATZ-TASTE)**

Dies wiederholen wir an den entsprechenden Stellen, bis der Text in der Absatzformatierung so aussieht, wie im Bild.

Checkliste·für·eine·Befragung·¶

Um·mit·einer·vielleicht·groß·angelegten·Befragung·keine·Bruchlandung·zu·erleiden,·sollten· wir·vorher·Schritt·für·Schritt·die·einzelnen·Etappen·noch·einmal·duchgehen·und·uns·zu·jeder· Frage·überlegen,·ob·wir·eine·ausreichende·Antwort·darauf·haben.·Bevor·es·dann·mit·der· Befragung·losgeht,·sollten·wir·uns·nochmals·folgende·Checkliste·vornehmen.·¶

Haben·wir·an·alles·geedacht?·¶

Haben·wir·das·Problem·bzw.·die·zu·erforschende·Frage·klar·definiert?·¶

Haben·wir·die·zur·Frage·passende·Zielgruppe·ausgesucht?·¶

Haben·wir·uns·für·eine·stimmige·Befragungsform·entschieden?·¶

Haben·wir·die·Fragen·verständlich·formuliert?·¶

Haben·wir·einen·Pretest·gemacht·ums·Fehler·der·Befragung·zu·erkennen?·¶

Haben·wir·Ort·und·Zeitraum·der·Befragung·definiert?·¶

Lassen·sich·die·Ergebnisse·gewinnbringend·auswerten?·¶

Gibt·uns·die·Umfrage·Antworten,·aufgrund·derer·wir·Veränderungen·in·unserem·Angebot· vornehmen·können?¶

Abb. 6 Übungstext Aussehen 1

Wir stellen fest, dass die Abstände zwischen den einzelnen Absätzen größer sind, als zwischen den Zeilen des gleichen Absatzes. Dies liegt an unserer Absatzformatierung. Diese erreichen wir im **RIBBON START** im Bereich **ABSATZ**. Dort lässt sich durch einen Klick auf die Schaltfläche mit dem Doppelpfeil nach oben/unten ein Menü öffnen, in dem wir den Zeilenabstand generell verändern können. Klicken wir dort auf Zeilenabstandsoptionen, dann erhalten wir einen Auswahldialog, in dem sich die Abstände vor und hinter einem Absatz und die Einzüge (also der zusätzliche Abstand vom linken Seitenrand) einstellen lassen. Hier stellen wir nun einfach alles auf 0 und bestätigen dies. Nun sind die Absätze in unserem Text verschwunden. Da wir aber dennoch einen Abstand zwischen unseren einzelnen »Haben wir« Fragen benötigen, setzen wir jeweils hinter jede dieser Fragen nun von uns aus nochmals einen Absatz und schreiben dort entweder »Ja« oder »Nein« hinein. Im Normalfall sollte man sich mit der Absatzabstandsoption behelfen, doch benötigen wir unseren Extraabsatz für eine nachfolgende Übung.

Abb. 7 Absatzformatierung

5.5.3 Fett und kursiv

Wir wollen aber noch weitere Formatierungen anbringen. Um Text zu formatieren, muss er zunächst markiert werden. Am schnellsten geht dies, indem man mit der Maus vor den ersten Buchstaben des Wortes, das man markieren möchte, klickt und mit gedrückter Maustaste den Mauszeiger dann so weit zieht, wie man Text markieren will. Alternativ kommt man mit einem Mehrfachklick auch zum Ziel. Ein Doppelklick markiert ein ganzes Wort, ein Dreifachklick markiert einen ganzen Absatz.

So markieren wir zunächst die erste Zeile. Wir wollen sie als „fett" formatieren. Dazu klicken wir im **RIBBON START** im Bereich **SCHRIFTART** auf das **F** (steht für fett). Bei einigen Systemen steht hier unter Umständen ein B für bold. So verfahren wir auch mit den anderen Wörtern vor einem Doppelpunkt.

Immer wenn im Text der Begriff »Haben« vorkommt, wollen wir diesen kursiv setzen. Dies geht genauso, wie bei der Fettformatierung, nun wählen wir aber das Symbol **K**. Mehrere nicht zusammenhängende Bereiche im Text lassen sich auch gemeinsam formatieren, indem man bei der Markierung per Maus oder Doppelklick die Strg-Taste gedrückt hält.

Übrigens führt auch ein Tastaturbefehl zum Ziel. Wenn wir das Wort oder die Wörter markiert haben, drücken wir einfach die Tastenkombination **STRG+HOCHTASTE+F** (Hochschalttaste, auch Umschalttaste genannt, ist die Taste, die wir drücken, wenn wir einen Großbuchstaben schreiben wollen.) Überhaupt sind viele Befehle auch über Tastenkombinationen zu erreichen.

Wenn wir mit der Maus auf einen Befehl gehen, wird oft der entsprechende Tastaturbefehl eingeblendet.

5.5.4 Die Schriftart verändern

Nun wollen wir noch die Schriftart verändern. Dazu markieren wir zunächst den gesamten Text durch die Tastenkombination **STRG+A**.

Dann klicken wir im **RIBBON START** in den **BEREICH SCHRIFTART** und dort auf das Feld mit den Schriftarten (über dem Feld für fett) bzw. auf den Pfeil rechts daneben. Aus der Auswahl können wir dann eine Schrift aussuchen, z.B. »Helvetica« oder »Univers«. Der Text erscheint sofort in der neuen Schriftart, seit der Version 2007 sogar schon, bevor wir uns endgültig für diese Schrift entschieden haben.

Im nächsten Schritt verändern wir die Schriftgröße. Neben der Schriftart finden wir dazu das passende Feld. Wir wählen die Schriftgröße 14 Punkt aus.

5.5.5 Aufzählungen

Da es sich beim zweiten Teil unseres Textes um eine Aufzählung handelt, wollen wir diese auch als solche formatieren. Dazu markieren wir den gesamten Text ab »Haben wir an alles gedacht?«. Über den Button **NUMMERIERUNG** im **RIBBON START** im **BEREICH ABSATZ** (ganz oben zweite von links) können wir den Text durchnummerieren. Hier lassen sich auch einfache Aufzählungen und Listen mit mehreren Ebenen auswählen. Dies wird im weiteren Verlauf unserer Einführung, wenn es um Aufzählungen mit verschiedenen Ebenen und um Kapitelnummerierungen geht, noch wichtig werden.

Wir wählen hier eine Aufzählung mit Zahlen also z.B. 1. 2. 3. usw.

Checkliste für eine Befragung

Um mit einer vielleicht groß angelegten Befragung keine Bruchlandung zu erleiden, sollten wir vorher Schritt für Schritt die einzelnen Etappen noch einmal durchgehen und uns zu jeder Frage überlegen, ob wir eine ausreichende Antwort darauf haben. Bevor es dann mit der Befragung losgeht, sollten wir uns nochmals folgende Checkliste vornehmen.

1. *Haben* wir an alles gedacht?
   Ja
2. *Haben* wir das Problem bzw. die zu erforschende Frage klar definiert?
   Ja
3. *Haben* wir die zur Frage passende Zielgruppe ausgesucht?
   Nein
4. *Haben* wir uns für eine stimmige Befragungsform entschieden?
   Ja
5. *Haben* wir die Fragen verständlich formuliert?
   Ja
6. *Haben* wir einen Pretest gemacht, um Fehler der Befragung zu erkennen?
   Nein
7. *Haben* wir Ort und Zeitraum der Befragung definiert?
   Ja
8. Lassen sich die Ergebnisse gewinnbringend auswerten?
   Ja
9. Gibt uns die Umfrage Antworten, aufgrund derer wir Veränderungen in unserem Angebot vornehmen können?
   Ja

Abb. 8 Übungstext Aussehen 2

Nun stellen wir fest, dass auch die Absätze mit Nummern versehen wurden, in die wir »Ja« oder »Nein« eingegeben haben. Um dies zu beheben, setzten wir den Cursor jeweils hinter das Fragezeichen der jeweiligen Zeile und und löschen mit der Taste **ENTFERNEN** das Absatzzeichen[6]. Danach fügen wir durch gleichzeitiges Drücken der **GROẞBUCHSTABEN-TASTE** und der **RETURN-TASTE** einen Zeilenumbruch hinter dem Fragezeichen und vor unserer Antwort ein. Dieser wird, wie wir sehen, anders als ein Absatz formatiert.

5.5.6 Unterschiede - Neuer Absatz, Neue Zeile

Unterschieden wird in der Textformatierung zwischen einem Absatzwechsel und einem Zeilenwechsel.

Ein **Absatzwechsel** (Neuer Absatz) wird auch heute noch von vielen Anwendern als Zeilenumbruch verwendet. Die Eingabe erfolgt mit der Taste **ENTER/RETURN**, zur Bildschirmdarstellung des Steuerzeichens wird häufig «¶» (Absatzmarke, Pilcrow) verwendet. Die Verwendung dieser Taste wie bei einer klassischen Schreibmaschine übersieht jedoch das Konzept aktueller Textverarbeitungssysteme: Diese können vor oder nach Absätzen automatisch Leerraum einfügen oder neue Formatierungsvorlagen verwenden.

Ein einfacher **Zeilenumbruch** (Neue Zeile) dient dazu, eine neue Zeile zu beginnen, ohne die aktuelle Absatzformatierung zu unterbrechen oder um Zeilenumbrüche in Tabellen zu erzeugen. Die Eingabe erfolgt mit **SHIFT+ENTER**.

Unter Umständen sind die Formatierungszeichen für Zeilenumbrüche und Absätze nicht sichtbar. Diese Funktion ist möglicherweise deaktiviert. Am Ende dieses Kapitels gibt es einige Hinweise, wie man zu den erweiterten Einstellungen in Word gelangt. Dort ist erklärt, wie Formatierungszeichen in Word ein und ausgeblendet werden können.

Wichtig: Formatierungszeichen sind nur Hinweisezeichen auf die Formatierung des Textes. Diese werde beim Ausdruck nicht mit gedruckt.

---

[6] Durch den Druck auf die Taste Entfernen wird das entfernt, was sich hinter dem Kursor befindet. Mit jedem Klick verschwindet ein Buchstabe. Die Backspace Taste (Pfeil nach links ganz oben rechts auf der Tastatur) wird hingegen der Buchstabe vor dem Cursor gelöscht.

5.5.7 Absatzformate, Zeilenabstände und Tabulatoren

Nun sieht der Text noch etwas gequetscht aus. Wir ändern darum den Zeilenabstand wieder. Wir erinnern uns: Dazu markieren wir wieder den ganzen Text und klicken dann auf den Button **ABSATZ** im **RIBBON START** im **BEREICH ABSATZ** (rechts neben den Formatierungen für linksbündig, rechtsbündig zentriert und Blocksatz.).

Dort können wir den Zeilenabstand einstellen, Abstände vor und nach Absätzen verändern und weitere Formatierungen durchführen. Ein Klick auf **ZEILENABSTANDSOPTIONEN** macht ein weiteres Fenster auf, in dem wir ergänzende Einstellungen vornehmen können. Wir wählen zunächst eine 1,5-zeilige Darstellung aus.

Wer möchte, darf an dieser Stelle verschiedene Einstellungen aus dem **BEREICH ABSATZ** ausprobieren und schauen, wie sie sich auf den Text auswirken.

Tipp: Mit der Tastenkombination **STRG+Z** kann man diese Änderungen jeweils wieder rückgängig machen.

Wie wir gesehen haben, rückt der Befehl Aufzählung den Text etwas nach rechts ein. Wir können dies auch von Hand machen. Dazu markieren wir zunächst den ganzen Text mit **STRG+A** und klicken dann im **RIBBON START** im **BEREICH ZWISCHENABLAGE** auf den Button **KOPIEREN** oder wir drücken **STRG+C**.

Nach dem letzten Absatz machen wir zwei weitere Absätze und fügen dort dann den kopierten Text wieder ein. Das geht entweder über den Button im **RIBBON ZWISCHENABLAGE** oder über die Tastenkombination **STRG+V**.

Wir stellen fest, dass das System die Nummerierung der Fragen wieder bei 1 begonnen hat. Word hat erkannt, dass zwischen den beiden Aufzählungen ein weiter Text steht, der keine Aufzählung ist und geht darum davon aus, dass hier eine neue Aufzählung beginnt. Anders verhielte es sich, wenn wir nicht den gesamten Text, sondern nur unsere Fragen kopiert hätten, dann hätte Word die Nummerierung bei 10. weitergeführt.

Wir wollen aber für unsere weitere Arbeit gar keine Nummerierung. Darum markieren wir nun den neu eingefügten Text und klicken dann im **RIBBON START** in den **BEREICH FORMATVORLAGEN** und dort ganz links auf **STANDARD**.
 Der Text sieht nun wieder so aus, wie vor der Nummerung bzw. so, wie die Standard Einstellung unseres Systems dies vorsehen. Alternativ können wir auch durch das Anklicken des Pfeils rechts neben den Formatvorlagen einen weiteren Dialog öffnen, in dem sich noch diverse andere Änderungen vornehmen lassen.

Wir wollen nun von uns aus jeden Absatz unserer Fragen etwas einrücken. Dazu gehen wir jeweils zum Beginn der Zeile und drücken dann die **TAB-TASTE** (die mit dem Doppelpfeil links neben dem Buchstaben Q).
 Diesen Effekt kann man auch durch das Verschieben des Seitenrandes bzw. Absatzeinschubs erreichen. Dazu markieren wir einfach den Textbereich, den wir einrücken möchten und verschieben dann den kleinen Doppelpfeil am linken Rand unseres Lineals durch anklicken und ziehen des kleinen Rechtecks darunter bis zum gewünschten Punkt. Sollte das Lineal nicht sichtbar sein, so gibt es am Ende dieses Kapitels unter Hinweise zu erweiterten Einstellungen Anleitungen, wie das Lineal eingeblendet werden kann.
 Ziehen wir nur das obere Dreieck nach rechts, so wird jeweils nur die erste Zeile eines jeden Absatzes verschoben. Bewegen wir hingegen nur das untere Dreieck, dann erhalten wir einen sogenannten hängenden Einzug, die erste Zeile eines jeden Absatzes bleibt unverändert, der Rest wird jedoch nach rechts verschoben.

5.5.8 Seite einrichten

Unsere Musterseite hat zurzeit links und rechts einen gleich großen Rand von je 2,5 cm. Dies können wir über das **RIBBON LAYOUT** und dort den **BEREICH SEITE EINRICHTEN** ändern. Ein Klick auf **SEITENRÄNDER** ermöglicht die Wahl zwischen verschiedenen Vorgaben oder, durch ein Klick auf den untersten Punkt **BENUTZERDEFINIERTE SEITENRÄNDER**, eine erweiterte Auswahl. Diese lässt die Anpassung aller vier Seitenränder mit beliebigen Werten zu.

Hier lassen sich auch das Papierformat und die Frage, ob die Seite quer oder hochkant ausgerichtet sein soll, einstellen. Wir probieren, wie sich die verschiedenen Einstellungen auf unsere Seite auswirken.

Zum Schluss verändern wir den Seitenrand links auf 5 cm und rechts auf 2 cm.

Wir stellen fest, dass leider nun relativ viel weiße Fläche in unserer Ansicht ist. Darum können wir über die Schaltfläche zur Vergrößerung und Verkleinerung der Seitenansicht ganz unten rechts die Seite etwas größer zoomen. Dazu verschieben wir einfach den Pfeil zwischen dem + und - etwas Richtung +. Oder wir klicken auf - oder + um die Ansicht stufenweise zu verändern. Diese Ansicht wirkt sich jedoch nicht auf den Ausdruck aus. Die Schrift wird also nur am Monitor größer.

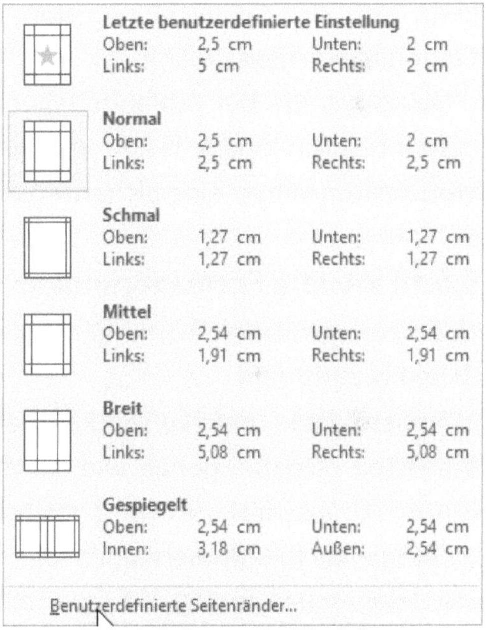

Abb. 9 Seitenränder Einstellung

5.5.9 Abspeichern der Arbeit

Nun ist es mal wieder an der Zeit, unseren Text abzuspeichern. Word sollte dies auch eigenständig in gewissen Abständen tun.[7] Dazu muss dies aber in den Optionen aktiviert sein. Da nun schon viel Arbeit im Textdokument steckt, sollten wir uns auch eine Sicherungskopie, am besten auf ein anderes Laufwerk, machen.

Dazu klicken wir **Datei** ganz oben links an und wählen dann im aufklappenden Menü entweder **Speichern** oder **Speichern unter**. Im Bereich **Speichern unter** wählen wir, wie schon beschrieben, den gewünschten Pfad aus und bestätigen die Auswahl dann. Im danach erscheinenden Dialog ist »Word-Dokument« voreingestellt. Hier können aber auch andere Formate ausgewählt werden. Sollte das gewünschte Dateiformat hier nicht vorliegen, kann man sich vielleicht behelfen, indem man statt **Speichern unter** die Option **Exportieren** wählt.

Da es gerade bei umfangreichen Dateien gelegentlich vorkommt, dass man irrtümlich Inhalte löscht und dann trotzdem abspeichert, solle man sich vom System immer eine Sicherungskopie anlegen lassen.

5.5.10 Weitere Formatierungen

Es gibt einige weitere Formatierungen, die unter Umständen für eine längere Arbeit wichtig sind.

Neben »**fett**« und »*kursiv*« kann ein Text auch unterstrichen werden. Das Vorgehen ist dabei genau wie bei der Fett-Auszeichnung. Ein Klick auf den Button „U" aktiviert die Unterstreichung.

Genau so funktioniert auch das Einfärben von Textpassagen oder das Hinterlegen des Textes mit eine Farbe. Auch diese Optionen finden wir im **Ribbon Start** im **Bereich Schriftart**.

Wir hinterlegen nun zur Übung die jeweiligen ersten Zeilen der Absätze gelb und formatieren alle kursiven Textbereiche in blauer Schrift. In der

---

[7] Genauer wird dies im Abschnitt „Erweiterte Einstellungen" beschrieben.

praktischen Arbeit sollte man hingegen sparsam mit farblichen Auszeichnungen umgehen.

5.6 Was man für eine längere Arbeit noch wissen muss

In einer längeren Arbeit, egal ob Aufsatz oder wissenschaftliche Studienarbeit, gibt es zahlreiche weitere Formatierungen und Einstellungen, die es zu beherrschen gilt. Nachfolgend sollen die Wichtigsten davon kurz vorgestellt werden.

5.6.1 Fuß- und Kopfzeilen

Fuß- und Kopfzeilen sind in längeren Manuskripten unverzichtbar. Wir wollen nun versuchen, für unser Manuskript eine Kopfzeile mit dem Titel

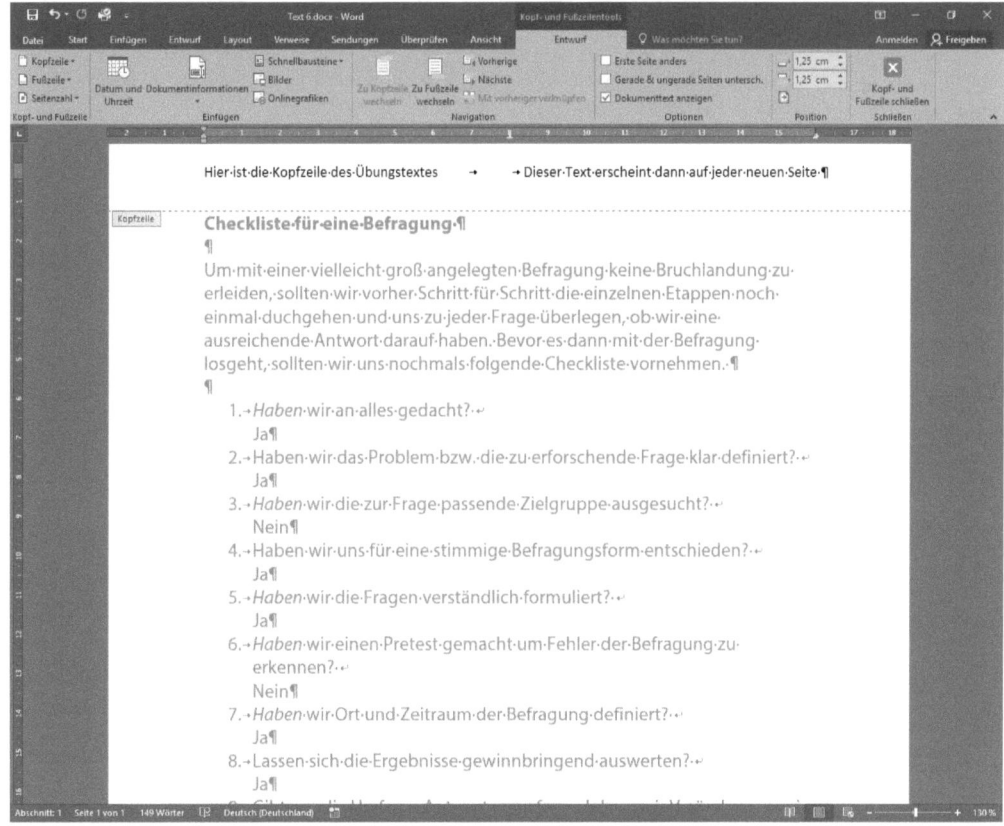

Abb. 10 Eingabe einer Kopfzeile

unserer Arbeit und unserem Namen und eine Fußzeile mit der Gesamtseitenzahl des Dokumentes und der aktuellen Seitenzahl anzulegen.

Am einfachsten gelangen wir in die Kopfzeile, indem wir einfach auf den oberen Seitenrand doppelt klicken. Dann wird der normale Text nur noch grau dargestellt und wir sind im Modus für die Kopfzeile, was wir auch daran sehen können, dass wir uns plötzlich in einem neuen Ribbon mit dem Titel **ENTWURF** befinden. Alternativ kann man die Kopfzeile auch über das **RIBBON EINFÜGEN** und dann den **BEREICH KOPF- UND FUßZEILE** anwählen.

In der Kopfzeile geben wir nun zunächst unseren Namen und dann den Titel »Testdokument« ein. Word gibt beim Klick auf **KOPFZEILE** bzw. **FUßZEILE** auch schon verschiedene Layout Vorgaben zur Auswahl, aus denen wir uns eine Variante aussuchen können.

Wir scrollen dann nach unten zur Fußleiste. Wenn wir keine Vorlage für die Fußzeile verwenden wollen, können wir hier auch einfach Text eingeben oder z.B. über den Button Seitenzahl eine Seitenzahl einfügen. Hier bietet Word zahlreiche Vorlagen. Dort findet man auch die Vorlage zur Darstellung im Format Seite x von y. Weitere Einstellungen zur Seitenzahl sind über den Button **SEITENZAHLENFORMAT** möglich. Hier kann z.B. auch eingegeben werden, dass die Zählung bei 0 beginnen soll, sodass bei der späteren Arbeit das Titelblatt nicht mit in die Seitenzählung eingeht.

Danach klicken wir auf die Schaltfläche **SCHLIEßEN**, der Kopfzeilen bzw. Fußzeilenmodus ist dadurch beendet. Um eine Kopf- oder Fußzeile zu ändern, muss einfach wieder doppelt darauf geklickt werden.

5.6.2 Fußnoten

Fußnoten sind ergänzende Hinweise zum Text, die nicht im eigentlichen Text untergebracht werden sollen, weil sie den Lesefluss behindern. Wir wollen nun in unserem Beispieltext eine Fußnote zum Begriff »Pretest« schreiben. Dazu gehen wir wie folgt vor:

Wir gehen mit dem Cursor auf das Leerzeichen hinter dem Wort, das wir mit einer Fußnote versehen wollen. Dann wählen wir das **RIBBON VERWEISE** und dort den **Bereich Fußnoten**. Ein Klick auf **Fußnote einfügen** bringt uns zum Ziel. Der Cursor springt an das Ende der jeweiligen Seite und dort erscheint eine kleine 1 (später dann eine 2 usw.). Hier geben wir einfach den Text ein, den wir als Fußnote haben wollen, z.B: »Ein Test, der, vor der Befragung, deren Schwächen ermitteln soll.«

Wer die Bedienung mit Tastatur bevorzugt, kommt mit der Tastenkombination **Alt+Strg+F** ebenfalls zum Ziel.

Gehen wir später mit dem Cursor über die Fußnotenzahl im Text, so wird der Inhalt der Fußnote in einer Sprechblase angezeigt. So müssen wir nicht immer an das Ende der Seite scrollen, um den Inhalt einer Fußnote zu überprüfen. Bearbeiten kann man die Fußnoten hingegen nur am Fuß der Seite.

5.6.3 Bilder und Tabellen

Oft macht es Sinn, einen Text durch das Einfügen von Fotos, Bildern oder auch gelegentlich von Tabellen zu ergänzen und verständlicher zu machen.

Bilder und Grafiken kann man einfach über das **Ribbon Einfügen** und dann einen Klick auf den Button **Bilder** im **Bereich Illustrationen** einfügen.

Nach dem Einfügen öffnet sich automatisch ein neues Ribbon mit dem Titel **Format**, das verschiedene Einstellungen der Grafik ermöglicht. So lässt sich das Bild z.B mit einem Schatten versehen, oder durch einen Klick auf den **Bereich Anordnen** und dort auf **Textumbruch** eine Auswahl treffen, ob die Grafik hinter dem Text verlaufen soll oder ob der Text links bzw. rechts an der Grafik vorbeilaufen soll. Auch die Position der Grafik lässt sich hier verändern. Testen wir einfach verschiedene Einstellungen. Zurück geht es wie immer mit **Strg+Z**.

Wollen wir die Größe der Grafik verändern, so geht dies am schnellsten durch einen Rechtsklick auf die Grafik und im dann erscheinenden Auswahldialog über den Button **Größe**.

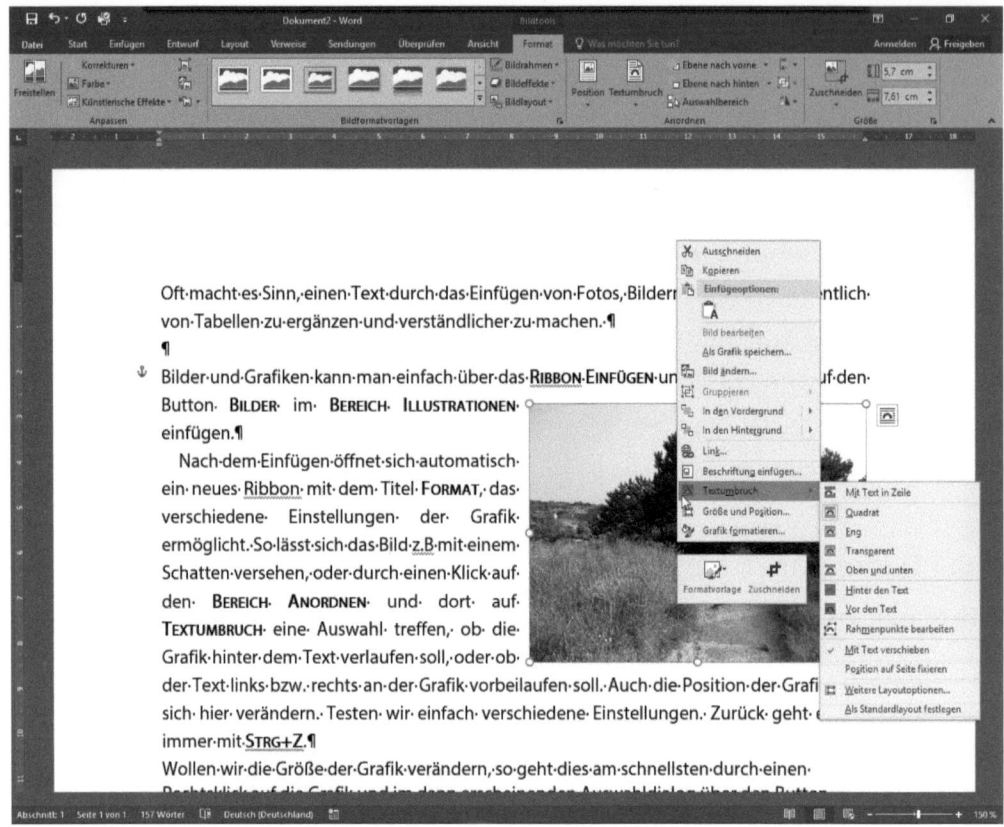

Abb. 12 Eingefügtes Bild mit Optionsdialog Textumbruch

Tabellen lassen sich über das **RIBBON EINFÜGEN** und dort den Button **TABELLE** einfügen. Hier kann man die Größe der Tabelle einfach per Maus bestimmen oder über den Punkt **SCHNELLTABELLEN** eine der Vorgabetabellen auswählen.

Über diesen Punkt lässt sich auch eine neue Excel Tabelle einfügen, die dann auch die Rechenmöglichkeiten von Excel nutzt.

Abb. 11 Beschriftung einer Abbildung

5.6.4 Beschriften von Grafiken und Tabellen

Damit der Leser auch weiß, was unsere Grafik oder Tabelle darstellen soll, müssen wir sie noch beschriften. Dazu gehen wir mit dem Mauszeiger über die Grafik und klicken mit der rechten Taste. Im dann erscheinenden Auswahlmenü wählen wir »Beschriftung« und geben dann den von uns gewünschten Text ein. Bei mehreren Grafiken werden die Grafiken mit fortlaufenden Nummern benannt. Dies ist später für das Anlegen von Abbildungsverzeichnissen wichtig.

5.6.5 Kapitelüberschriften

Längere Texte müssen wir in der Regel gliedern, damit die Übersichtlichkeit erhalten bleibt. Dazu wählt man Kapitelüberschriften, die dann mit einer entsprechenden Nummerierung benannt werden. Für längere Arbeiten hat sich eine Nummerierung mit verschiedenen Ebenen bewährt.

Dazu legen wir ein neues Dokument an und geben folgenden Text ein:

Eine Auszeichnung ist kein Orden

Ein weiterer Begriff, aus der Typografie, also der Lehre von den Schriften, ist die »Auszeichnung«. Gemeint ist damit kein Orden oder ein sonstiges Ehrenabzeichen, sondern eine Hervorhebung von Teilen des Textes.

Ästhetische Auszeichnungen

Ästhetische Auszeichnungen, sind Kursivdruck, Versalien (Großbuchstaben) und Kapitälchen, (Schrift die zwar aus Großbuchstaben besteht, aber unterschiedlichen Höhen für Groß- und Kleinbuchstaben aufweist).

Optische Auszeichnungen

Zu den optischen Auszeichnungen gehören die Schriftschnitte Fett und Halbfett, aber auch die Unterstreichung und die Sperrung.

Zunächst geht es darum, dass wir alle unsere Überschriften bzw. die Textteile die wir als Kapitel Überschriften formatieren wollen, entsprechend der von uns geplanten Gliederung formatieren. Sinnvollerweise sollte man dies bei der Erstellung der Arbeit schon im Vorfeld erledigen um die Übersichtlichkeit auch bei der Erstellung zu wahren. Also nicht erst drauflos schreiben und dann strukturieren, sondern umgekehrt.

Eine sinnvolle Gliederung ist eine hierarchische im Stil:

1. Überschrift erster Ebene
1.1. Überschrift zweiter Ebene
1.1.1 Überschrift dritter Ebene
2. Überschrift erste Ebene
2.1. Überschrift zweiter Ebene
3. Überschrift erste Ebend
usw.

Diese Nummerierung findet sich auch in diesem Buch.

Um dies zu erreichen, markieren wir unsere erste Überschrift der ersten Ebene »*Eine Auszeichnung ist kein Orden*« und wählen dann durch Klick auf den kleinen Pfeil in der rechten unteren Ecke des Bereiches **FORMATVORLAGEN** im **RIBBON START** den erweiterten Dialog. Dieser bleibt im weiteren Verlauf auch geöffnet, sodass wir immer wieder darauf zugreifen können.

Hier wählen wir **ÜBERSCHRIFT 1**. Die Überschrift wird dann entsprechend formatiert. Eine Forma-

Abb. 13 Formatvorlagen

tierung mit **ÜBERSCHRIFT 2** sieht etwas anders aus, da hier schon eine Formatierung der 2. Ebene vorgenommen wurde. Aber diese Voreinstellungen lassen sich natürlich an die eigenen Bedürfnisse anpassen.

Sobald wir eine Überschrift der zweiten Gliederungsebene formatiert haben, wird in den Formatvorlagen die Gliederungsebene 3 sichtbar. Wir formatieren jetzt »*Ästhetische Auszeichnungen*« und »*Optische Auszeichnungen*« als Überschriften zweiter Ebene.

Nun kopieren wir mit **STRG+A**, **STRG+C** und dann **STRG+V** den ganzen Text und fügen ihn darunter nochmals ein.

Nachdem alle Überschriften mit dem passenden Format versehen wurden, markieren wir die erste Überschrift unseres Textes, also »Eine Auszeichnung ist kein Orden« und wählen den schon bekannten Befehl zur Nummerierung und Aufzählung, dieses Mal jedoch nicht die normale Aufzählung, sondern wir klicken auf den Button rechts daneben und wählen aus der Listenbibliothek die Aufzählung nach dem Format:

1. Überschrift 1
1.1 Überschrift 2
1.1.1 Überschrift 3

Als Ergebnis sollten wir nun in allen Überschriften eine passende Nummerierung haben.

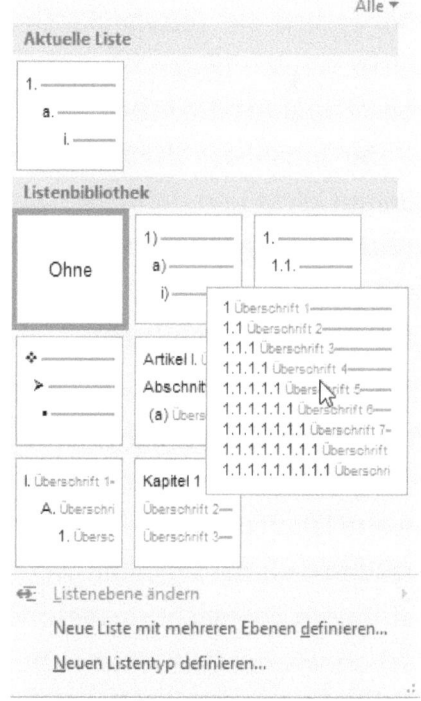

Abb. 14 Überschriften bestimmen

5.6.6 Inhaltsverzeichnis

Zum Abschluss legen wir für unser Dokument noch ein Inhaltsverzeichnis an. Der Vorteil eines von Word erzeugten Inhaltsverzeichnisses ist, dass wir später mit wenigen Mausklicks veränderte Seitenzahlen dort übernehmen können. Fügt man z.B. in die Arbeit später noch ein Bild ein und verschieben sich dadurch die einzelnen Seiten, dann korrigiert das ein durch Word angelegtes Inhaltsverzeichnis automatisch entsprechend.

Ein Inhaltsverzeichnis anzulegen geht, sofern wir alle Überschriften zuvor als Kapitelüberschriften definiert haben, mit wenigen Mausklicks. Wir setzen den Cursor vor das erste Wort unseres Textes und betätigen dann bei gedrückter **Strg-Taste** die Taste **Return** (Absatztaste). Dadurch erzeugen wir einen Seitenumbruch.

Unser Text fängt nun erst auf der zweiten Seite an. Wir gehen zurück auf die erste Seite und setzen den Cursor in die erste Zeile. Dann klicken wir auf das **Ribbon Verweise** und wählen dort den Button **Inhaltsverzeichnis**. Es öffnet sich ein Auswahlfenster, in dem sich verschiedene Inhaltsverzeichnisse wählen lassen. Hier muss jeder für sich überlegen, welcher Stil am besten zur Art der Arbeit passt.

Der Inhalt des Inhaltsverzeichnisses lässt sich aktualisieren, indem man darauf klickt und dann im darauf erscheinenden Rahmen oben auf **Inhaltsverzeichnis aktualisieren** klickt.

5.7 Rechtschreibung

Moderne Textverarbeitungssysteme kontrollieren die Rechtschreibung bereits bei der Eingabe. Falsche Wörter werden entweder sofort korrigiert oder aber durch eine rote Schlangenlinien-Unterstreichung als möglicherweise falsch gekennzeichnet. In vielen Fällen sind die Unterstreichungen korrekt. Manchmal möchten wir aber auch, dass der Computer das Wort nicht als falsch anstreicht. Insbesondere beim eigenen Namen sollte das System schon wissen, dass er so richtig geschrieben wird, wie wir es getan haben. Durch einen Rechtsklick auf das Wort können wir bestimmen, ob der Computer es weiterhin als falsch anstreichen soll, ob er es einfach übergehen oder ob er es in sein Wörterbuch aufnehmen soll. Gerade Begriffe, die im Bereich unserer Arbeit vorkommen, die aber nicht allgemein bekannt sind und woanders eher selten Verwendung finden, sollten ins „«Benutzerwörterbuch» übernommen werden.

Standardmäßig ist die automatische Rechtschreibkorrektur aktiviert. Das bedeutet, dass alle dem System unbekannten Wörter unterstrichen werden. Sollten dies nicht gewünscht sein, so kann dies in den Word Optionen im Bereich Dokumentenprüfung deaktiviert werden.

Word verfügt ebenfalls über eine Grammatikkorrektur. Diese unterstreicht falsche Bereiche in Grün. Dies ist jedoch nicht immer zu 100 Prozent zuverlässig. Wer noch bessere Korrekturen haben möchte, die auch im Bereich der Grammatikprüfung bzw. Zeichensetzung aussagekräftig sind, sollte auf ein Addon, wie z.B. den Duden Korrektor für Word zurückgreifen[8]. Technisch geht inzwischen fast alles. Es gibt sogar Programme, die den Stil des Geschriebenen analysieren und diesen dann von Grün (super) bis rot (fast nicht zu lesen) bewerten. So weit ist MS-Office aber (noch) nicht. Die Lesbarkeitsstatistik, die man in den Optionen einstellen kann, zeigt lediglich, wie viele Sätze im Absatz sind und wie viele Wörter im Schnitt in einem Satz stehen. Darum benötigen wir für unsere Arbeit einen gesunden Sprachverstand oder jemanden, der den Text für uns noch mal auf die üblichen Fehler überprüft.

5.8 Umbrüche

Wir haben weiter oben schon gelesen, dass es zwei Arten gibt, eine Zeile zu beenden und eine neue Zeile zu beginnen. Ein einfaches Return sorgt für einen neuen Absatz, ein Klick auf die Hochtaste und Return erzeugt einen Zeilenumbruch. Wenn wir jedoch wollen, dass, z.B. weil wir ein neues Kapitel beginnen möchten, der Cursor zu einer ganz neuen Seite springen soll, dann drücken wir **STRG+RETURN**. Egal wie viel Text wir vor diesem Seitenumbruch noch ergänzen. Der Text nach dem Umbruch fängt immer auf einer neuen Seite an.

---

[8] Allerdings gab es hier in der Vergangenheit zum Teil Probleme mit der Lauffähigkeit des Duden Korrektors unter Windows 10 und Office 2016.

Neben Seiten- gibt es aber auch noch weitere Arten von Umbrüchen. Dies sind die Abschnittsumbrüche. Alle Arten von Umbrüchen erreichen wir über das **Ribbon Layout** im Bereich **Seite einrichten** unter **Umbrüche**.

Ein Abschnittsumbruch (auch Abschnittswechsel genannt) erzeugt einen ganz neuen Bereich im Dokument. Ein solcher neuer Abschnitt kann ein völlig anderes Layout (z.B. andere Kopfzeilen und Fußzeilen) oder aber auch eine neue Seitennummerierung haben (z.B. für den Anhang).

Wir testen das an einem Beispiel. Dazu nehmen wir einen unserer Demotexte und kopieren ihn so oft hintereinander, bis wir drei oder vier Seiten haben. Dann fügen wir eine Fußzeile hinzu und versehen diese mit einer Seitenzahl. Nach der zweiten Seite erzeugen wir dann einen Abschnittsumbruch wie oben beschrieben. Zunächst läuft die Seitennummerierung wie gewohnt weiter. Das wollen wir aber nicht. Also gehen wir in die erste Fußzeile nach unserem Abschnittsumbruch indem wir doppelt in diesen Bereich klicken. Wir sehen links einen Hinweis »Fußzeile-Abschnitt 2-« und rechts »Wie vorherige«. Im **Ribbon Entwurf**, in dem wir uns nun automatisch befinden, gehen wir dann auf **Seitenzahl** und im sich öffnenden Dialog auf **Seitenzahlen formatieren**. Wenn wir hier statt der Option **Fortsetzen mit vorherigem Abschnitt Beginnen bei** wählen, können wir die erste Seitenzahl unserer neuen Zählung eingeben. Zudem lässt sich in diesem Dialog weiter oben das Zahlenformat ändern. Wir können also statt der arabischen, Zahlen, römische Zahlen wählen oder eine andere Form der Nummerierung.

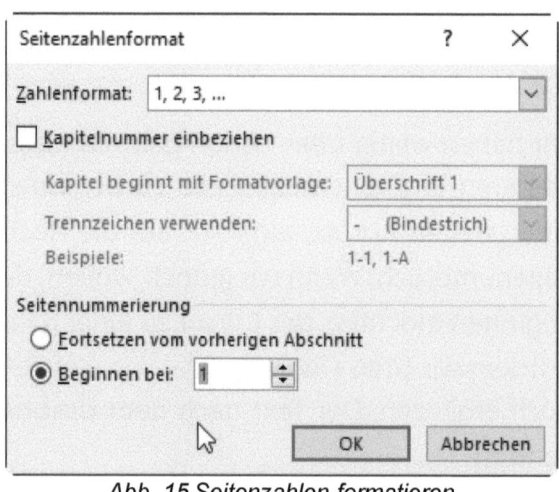

Abb. 15 Seitenzahlen formatieren

Wenn wir jetzt noch im Bereich Navigation die Option »mit vorheriger verknüpfen« deaktivieren können wir auch beliebige Änderungen im Text der Fußspalte vornehmen, die dann jeweils nur im aktuellen Abschnitt gültig sind. Bei vielen Abschnitten verliert man allerdings schnell den Überblick. Abhilfe schafft hier ein Rechtsklick auf die Statutleiste am unteren Rand des Bildschirms. Dort kann man die Leiste an seine Wünsche anpassen. Aktiviert man hier die Anzeige für den Bereich, so findet man diese Information künftig immer in der Statusleiste.

Natürlich lassen sich in den verschiedenen Abschnitten auch alle anderen Formatierungen, z.B. Seitenrand, Ausrichtung, Sprache usw. jeweils anders einstellen.

5.9 Drucken

Zu guter Letzt wollen wir unseren Text natürlich ausdrucken. Hierzu reicht meistens ein Klick auf das Symbol mit dem Drucker am oberen Bildschirmrand. Wollen wir weitere Optionen auswählen, dann müssen wir einen anderen Druckdialog wählen. Dieser ist unter dem Menüpunkt **DATEI** versteckt. Unter einer Schaltfläche zum Starten des Drucks finden wir Auswahlfelder für den Drucker und weitere Einstellungen zum Format, Sortierung und zur Größe der Seiten. Je nach Drucker sind hier verschiedne Optionen möglich, z.B. Beidseitiger Druck (Duplexdruck).

5.10 Word Optionen

Weiter oben habe ich schon mehrfach über die Word Optionen geschrieben. Dieses Fenster verbirgt sich ebenfalls hinter dem **DATEI-BUTTON** und im dort erscheinenden Auswahldialog dann links ganz unten.

In den Word Optionen finden wir links mehrere Punkte, die beim Anklicken auf der rechten Seite verschiedenen Auswahlen zulassen. Die Einstellungen hier sind sehr vielseitig und können nicht alle hier beschrieben werden.

Allgemein

In diesem Bereich können wir Veränderungen an der Benutzeroberfläche und am Office Design vornehmen. Anders als noch Office 2007, sind die neueren Versionen der Software in dezenteren Farben gehalten. Hier steht nur noch zur Auswahl: Bunt (Blau), Dunkelgrau oder Weiß.

Anzeige

Darunter verbergen sich Einstellmöglichkeiten für die Formatierungszeichen. Sollen Absätze, Tabulatoren oder Leerzeichen eingeblendet werden, so müssen hier die entsprechenden Kästchen angeklickt werden.

Gerade zur Unterscheidung von Freizeichen und Tabulatoren und um Zeilenumbrüche von Absätzen zu unterscheiden, macht es Sinn, hier **ALLE FORMATIERUNGSZEICHEN ANZEIGEN** auszuwählen auch wenn das die Lesbarkeit des Textes unter Umständen negativ beeinflusst.

Dokumentenprüfung

Hierunter findet man die Einstellungen für die Rechschreibprüfung, z.B. ob der Text sofort bei der Eingabe kontrolliert werden darf und ob die Grammatik geprüft werden soll.

Speichern

Hier können wir bestimmen, in welchem Dateiformat als Standard gespeichert werden soll und in welchem Zeitraum eine Sicherheitskopie der Datei angelegt werden soll und wo diese hin zu speichern ist.

In diesem Bereich sollten wir die Anweisung **AUTO WIEDERHERSTELLEN-INFORMATIONEN ALLE X MINUTEN** aktivieren.

Gerade bei der Weitergabe von Dokumenten mit verschiedenen Schriften könnte es auch sinnvoll sein, in diesem Bereich ganz unten die Option **Schriftarten in der Datei einbetten** zu aktivieren. Allerdings kann diese Option unter Umständen die Dateigröße erhöhen. Je nach Einstellung variierte hier im Test bei einem Dokument mit nur einem Wort die Größe der

Datei zwischen 12 KB (keine Schriften eingebunden) bis zu 1468 KB (alle Schriften des Systems eingebunden).

Die anderen Punkte sind zunächst für unsere Arbeit nicht so interessant. Insgesamt sollte man auch vorsichtig mit Einstellungen in diesem Bereich sein.

Übrigens können einige Einstellungen nur global, also für alle Dokumente die dann damit erstellt werden, bestimmt werden, andere haben wahlweise auch nur Einfluss auf die jeweils aktuell geöffnete Datei. Hier sollte man seine Einstellungen also mit Bedacht wählen.

5.11 SmartArt

Word ab 2007, genau wie auch die anderen Komponenten von Office bietet einige Vereinfachungen gegenüber früheren Word-Versionen. Besonders in Word und in der Präsentationssoftware PowerPoint vereinfachen die Neuerungen die Arbeit zum Teil erheblich. Eine wichtige Neuerung verbirgt sich unter dem **RIBBON EINFÜGEN**. Im Bereich Illustration werden die Möglichkeiten zum Einfügen von Grafiken und Cliparts durch den Punkt **SMARTART** ergänzt. SmartArt also zu Deutsch »kluge(s) Kunst(werk)« ist eine einfache Möglichkeit, grafische Schaubilder wie Kreisläufe oder hierarchisch aufgebaute Ablaufdiagramme zu erstellen. Welche Grafik man für die eigene Arbeit am besten benutzen sollte, musst natürlich jeder selbst ausprobieren. Seit Office 2007 wurde die Auswahl der vorgefertigten SmartArts mit jeder neuen Version immer wieder erweitert.

Durch einen Klick auf die betreffende Grafik wird diese geöffnet. Jede SmartArt Grafik besteht aus zwei Bereichen, der eigentlichen Grafik rechts und dem Texteingabefeld links. Text, den wir links eingeben, stellt die Grafik rechts dar. In der Regel verändert sich die Grafik sofort entsprechend. Das heißt, zum Beispiel bei einem Kreislaufdiagramm, dass mit jedem neu hinzugefügten Begriff auch der Kreis um einen Punkt größer wird.

Dies wollen wir nun ausprobieren. Im **RIBBON ENTWURF**, das sich automatisch öffnet, kann man das Layout auch später noch anpassen und die

Farben in gewissem Rahmen verändern. Leider kann man automatisiert nicht jede Farbkombination auswählen, man muss sich an die vom System vorgegebenen Farbvariationen halten, die in der Regel durch das allgemeine Layout vorgegeben sind. Alternativ kann man jedes Element der Grafik aber auch mit einer anderen Farbe einfärben. Dies funktioniert aber nicht im **RIBBON ENTWURF**, sondern im **RIBBON FORMAT** über den **BUTTON FÜLLEFFEKT**.

5.12 Das Ribbon Überprüfen

Wenn wir mit unserer Arbeit fertig sind, oder zumindest denken, es zu sein, liegt immer noch eine Menge Korrekturarbeit vor uns. Wir alle machen Fehler und das Ärgerliche daran ist, dass wir die meisten Fehler auch beim selbst Durchlesen des Textes gar nicht finden. Mal ein Satzzeichen, das falsch

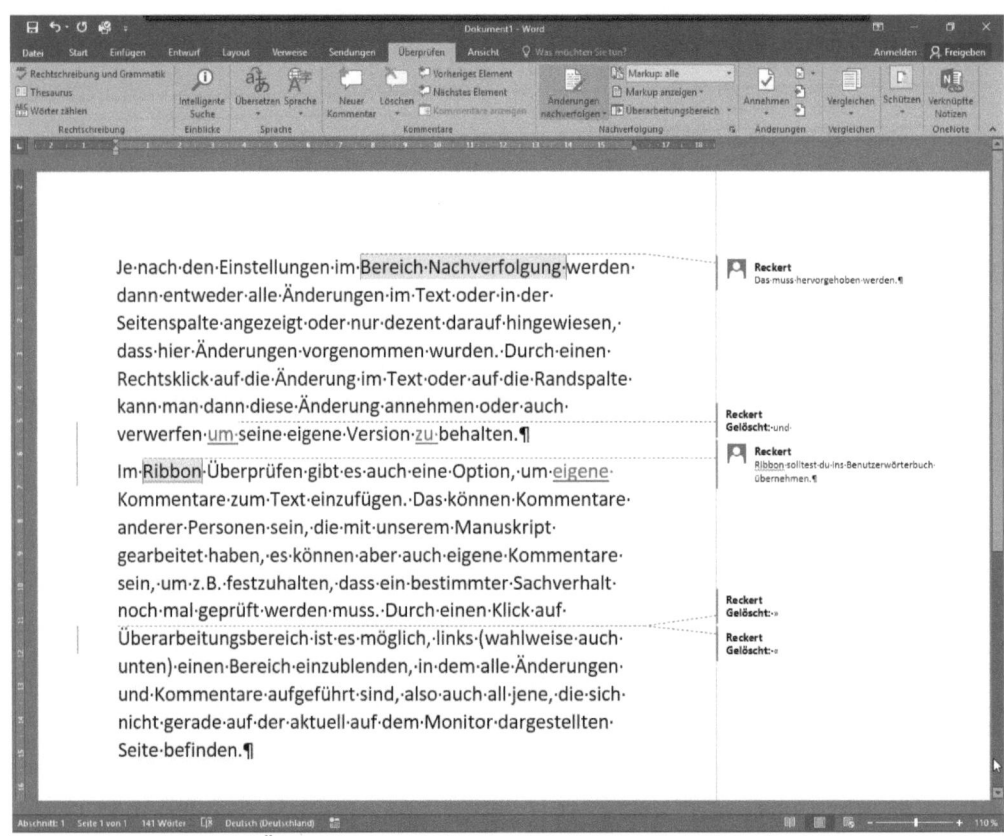

Abb. 16 Änderungen und Kommentare bei der Textüberarbeitung

ist, mal ein Buchstabe zuviel oder vielleicht stimmt auch manchmal einfach der Satzbau nicht. Darum ist es durchaus sinnvoll, eine zweite Person Korrektur lesen zu lassen. Doch was ist, wenn diese Person einen Fehler findet? Vielleicht stimmt unsere Version ja doch und wir wollen gar nichts ändern. Hier schafft das **RIBBON ÜBERPRÜFEN** Abhilfe. Dort gibt es die Option: **ÄNDERUNGEN NACHVERFOLGEN**. Ein Klick darauf bewirkt, dass alle Veränderungen am Text gespeichert werden. Das sieht dann etwa so aus, wie in Abbildung 16.

Je nach den Einstellungen im Bereich Nachverfolgung werden dann entweder alle Änderungen im Text oder in der Seitenspalte angezeigt oder nur dezent darauf hingewiesen, dass hier Änderungen vorgenommen wurden. Durch einen Rechtsklick auf die Änderung im Text oder auf die Randspalte kann man dann diese Änderung annehmen oder auch verwerfen und seine eigene Version behalten.

Im Ribbon Überprüfen gibt es auch eine Option, um Kommentare zum Text einzufügen. Das können Kommentare anderer Personen sein, die mit unserem Manuskript gearbeitet haben, es können aber auch eigene Kommentare sein, um z.B. festzuhalten, dass ein bestimmter Sachverhalt noch mal geprüft werden muss. Durch einen Klick auf »Überarbeitungsbereich« ist es möglich, links (wahlweise auch unten) einen Bereich einzublenden, in dem alle Änderungen und Kommentare aufgeführt sind, also auch all jene, die sich nicht gerade auf der aktuell auf dem Monitor dargestellten Seite befinden.

5.13 Wenn noch Fragen offen sind

Bei Word gibt es ein »Hilfssysteme«, das Anwender bei Fragen zur Seite steht. Dies gilt übrigens für sehr viele Programme, nicht nur aus dem Office Bereich. Unabhängig vom Aussehen des jeweiligen Systems kann man es fast immer mit der F1-Taste aufrufen. In Inhalt, Aufmachung und Bedienung unterscheiden sich die Systeme aber zum Teil stark. Dennoch geben sie auf viele Fragen eine zufriedenstellende Antwort. Unter Office 2016 findet man am oberen Bildschirmrand neben den Ribbon-Reitern die Frage: »Was möchten Sie tun?«. Hier kann man seine Frage eingeben und Office hilft dann mit Hinweisen. Möglicherweise muss für einzelne Hilfe-Inhalte eine Internetverbindung bestehen.

6. Präsentieren mit PowerPoint

6.1 Was ist PowerPoint?

Zu Beginn des vergangenen Jahrhunderts illustrierten Wissenschaftler und Geschäftsleute ihre Vorträge durch Zeichnungen, z.B. an der Tafel eines Hörsaals. Im Laufe des vergangenen Jahrhunderts kamen dann weitere Präsentationselemente hinzu. »Tageslichtschreiber« (Overhead-Projektoren) und Diaprojektoren wurden vermehrt zur optischen Aufwertung von Vorträgen eingesetzt. In den 90er Jahren des vergangenen Jahrhunderts schließlich hielt die PC-gestützte Präsentation Einzug in Hörsäle, Klassenzimmer und Tagungsräume.

PowerPoint ist ein Programm, das uns bei der Erstellung von Folien jeder Art unterstützt, das aber auch die Möglichkeit bietet, diese Folien über einen PC und einen Videobeamer auf eine Leinwand zu werfen. Natürlich kann man aus den PowerPoint-Folien am PC auch herkömmliche Folien für den Einsatz am Overhead-Projektor machen. Dann beschränkt man sich aber auf eine »eindimensionale« Präsentationsform. PowerPoint kann nämlich mehr, als einfach nur Seiten zu präsentieren.

PowerPoint kann die Inhalte dieser Seiten auch multimedial darstellen. Bilder und Texte können ein- und ausgeblendet und bewegt werden. Im Rahmen einer Präsentation ist es sogar möglich, Töne und Videos abzuspielen, was allerdings einen entsprechend schnellen Computer voraussetzt.

6.2 Der Start

Wir starten PowerPoint über das Startmenü und suchen dort analog zum Start von Word den entsprechenden Eintrag. Alternativ doppelklicken wir auf eine vielleicht schon vorhandene PowerPoint-Datei, dann öffnet sich das Programm automatisch.

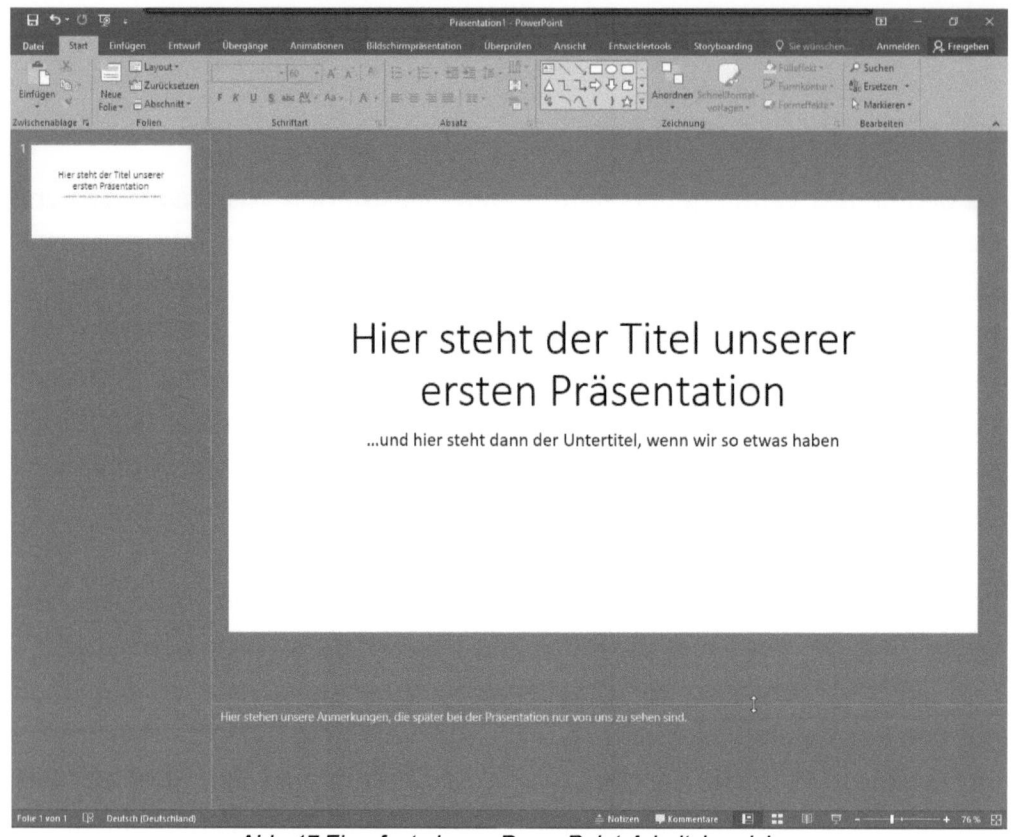

Abb. 17 Ein »fast« leerer PowerPoint Arbeitsbereich

6.3 Der Arbeitsbereich

PowerPoint öffnet beim Start zunächst das schon von Word bekannte Auswahlmenü, mit der Möglichkeit, links die zuletzt verwendeten Dateien zu öffnen und rechts aus einer Reihe von Vorlagen zu wählen. Wir wählen hier zunächst die leere Vorlage.

Darauf startet PowerPoint eine leere Präsentation. Der Bildschirm ist unterteilt in eine linke Spalte, in der wir später alle Folien untereinander angeordnet sehen, einen großen Block rechts, in dem wir Änderungen an unserer Folie vornehmen können und einem schmalen Balken am unteren Bildschirmrand. Sofern dieser beim Start dort noch nicht sein sollte, kann man ihn mit der Maus öffnen, indem man an den unteren Fensterrand geht und diesen mit gedrückter Maustaste so weit noch oben zieht, wie es benötigt wird. In dieses Fenster geben wir später Anmerkungen zu unseren Folien ein, die nur für uns und nicht für die Zuschauer sichtbar sein sollen.

6.4 Vorlagen

Theoretisch können wir nun schon mit der Arbeit beginnen. Zunächst wollen wir uns jedoch anschauen, welche verschiedenen Vorlagen das Programm bereits mitbringt. Dazu öffnen wir eine neue Datei, indem wir auf **Datei** gehen und dort auf **Neu** klicken. Im nun erscheinenden Dialog sehen wir die schon vom Start bekannten Vorlagen. Zum Teil sind diese aber nur über das Internet verfügbar.

Man unterscheidet »Vorlagen« und »Designs«. Während Vorlagen bereits einige Seiten für die spätere Präsentation vorgeben, wird bei Designs nur der Hintergrund und die Aufmachung der Folien definiert und danach nur eine Folie angelegt.

Wir wählen die Vorlage »Willkommen bei PowerPoint«, denn diese gibt uns bereits einige Hinweise zu den Möglichkeiten des Programms. Nachdem wir uns die Folien dieser Vorlage angeschaut haben, können wir sie wieder schließen. Ein Speichern ist nicht nötig. Wir werden diese Vorlage nicht mehr benötigen.

6.5 Erste Schritte

Wir kehren zurück zu unserer leeren Startfolie. Früher waren Folien fast immer im Seitenverhältnis 4:3, bekannt vom alten Röhrenmonitor. Mit modernen Monitoren und HD-Beamern kommen immer mehr breitformatige Präsentationen im Verhältnis 16:9 in Mode. Das Format sollte man zu Beginn der Arbeit bestimmen. Dazu gehen wir ins **Ribbon Entwurf** und klicken dann rechts auf das Symbol **Foliengröße**.

In diesem Ribbon können wir auch zwischen verschiedenen Designs und Varianten wählen. Dieser Stelle schauen wir uns zunächst die verschiedenen

Designs an und probieren sie aus. Designs kann man natürlich auch noch später, bei einer schon fertigen Präsentation, ändern, dies verändert aber auch oft diverse Farben und Ränder, sodass wir diese Möglichkeit sparsam einsetzen sollten. Sinnvoller ist es, sich das Design VORHER auszusuchen.

Abb. 18 Designs können das Layout der Datei verändern

Zunächst wollen wir die eine leere Folie in unserer Präsentation durch drei weitere Folien ergänzen. Dazu klicken wir im Übersichtsfenster links mit der rechten Maustaste auf die Folienminiatur und wählen dann die Option **NEUE FOLIE**. Dies wiederholen wir zwei weitere Male.

Nun haben wir vier Folien, von denen die Erste, je nach verwendetem Design, einen anderen Hintergrund hat, als die folgenden Folien.

Diese erste Folie ist die Titelfolie. Sie unterscheidet sich von den anderen Folien, denn hier steht in der Regel nur der Titel der Präsentation, ähnlich wie beim Titelblatt unserer Arbeit.

Wenn wir im linken Übersichtsfenster auf diese Titelfolie klicken, dann erscheint im Fenster rechts diese Folie größer und wir können nun darin arbeiten. Hier können wir durch klicken auf den entsprechenden Text Titel und Untertitel hinzufügen. Der Titel soll sein: »Unsere erste Arbeit«, als Untertitel wählen wir: »Ein Einstieg in PowerPoint«.

Wir öffnen dann durch einen Klick die zweite Folie und geben dort einen Text ein, z.B. als Titel: »Erste Schritte« und als Text der Folie: »PowerPoint ermöglicht uns, unsere Arbeit zu präsentieren«.

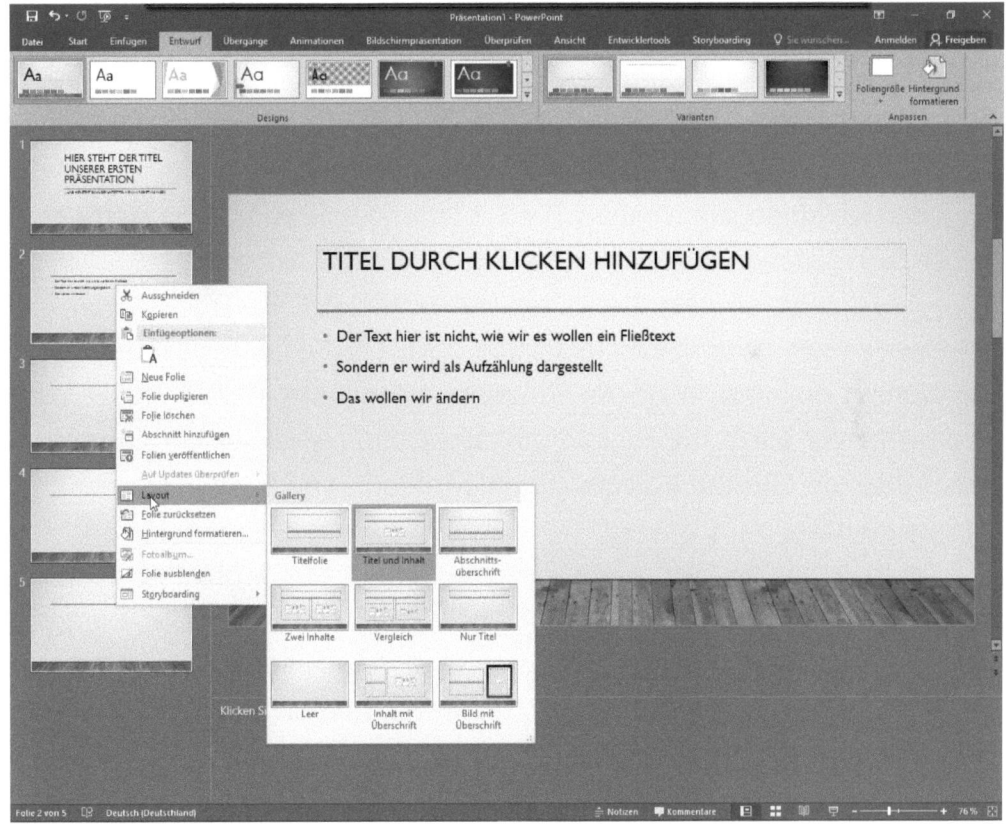

Abb. 19 Folienlayout anpassen

Nun sieht der Text unter der Überschrift allerdings gar nicht so aus, wie wir ihn erwartet haben, denn er ist als Aufzählung mit einem Aufzählungspunkt als grafischem Element formatiert, das wollen wir nicht.

Abhilfe schafft ein Rechtsklick auf die Folie in der Folienübersicht links und dann die Auswahl der Option **Layout**.

Dort gibt es verschiedene Auswahlmöglichkeiten, wie Gegenüberstellungen und eben auch Aufzählungen. Wenn wir nun z.B. auf **Nur Titel** klicken oder auf **Leer**, dann können wir solche Auszählungen vermeiden. Das probieren wir nun auch mit den Folien drei und vier aus. Um die Formatierung des Textfeldes der Folie 2 als Aufzählung rückgängig zu machen, reicht es jedoch, wenn wir, wie aus Word bekannt, die Aufzählung durch einen Klick auf den **Aufzählungsbutton** im **Bereich Absatz** deaktivieren.

Oft wird es sicherlich für uns die bessere Wahl sein, eine Folie anzulegen, die ein normales Textfeld oder gar keine Textfelder, außer das für die Überschrift, hat. Textfelder lassen sich auf einer leeren Folie in beliebiger Anordnung über das **Ribbon Einfügen** und dort den Button **Textfeld** im Bereich **Text** einfügen. Achtung, das Textfeld ist dann immer nur so groß, wie der Text, den wir eingegeben haben. Die Schriftart, Farbe und Größe lässt sich in Textfeldern genauso einstellen, wie in einem Word Dokument.

Nun wollen wir zu unserem Text auch noch ein Bild einfügen. Auch dies funktioniert analog zu Word über das **Ribbon Einfügen**. Neben Grafiken und Cliparts ist vor allem die Funktion SmartArt in PowerPoint gut zu gebrauchen. Über den Button **Formen** fügen wird nun eine Form in unsere Folie ein, egal welche.

Jetzt ist es an der Zeit, diese Präsentation ein erstes Mal anzuschauen. Dazu gehen wir in das **Ribbon Bildschirmpräsentation** und dort auf den Button **Von Beginn an**. Alternativ lässt sich dies auch durch das Drücken der **F5 Taste** erreichen. Durch betätigen der **Space-Taste** können wir nun durch die Präsentation klicken.

6.6 Mehr Möglichkeiten

Leider erscheint bei unserer ersten Präsentation immer sofort der gesamte Folieninhalt auf einmal. Besser wäre es, wenn erst der Text und dann die Grafik eingeblendet würden. Dies erreichen wir durch einen Klick auf das **RIBBON ANIMATION** und dort auf den Button **ANIMATION HINZUFÜGEN**. Im Auswahlfenster lassen sich nun verschiedene Animationen auswählen. Gleiches erreichen wir, indem wir weiter links in den Bereich **ANIMATION** klicken.

Damit wir sehen, welche Animationen wir eingefügt haben, klicken wir einmal auf **ANIMATIONSBEREICH**. Es öffnet sich ganz rechts ein weiterer Bereich, in dem wir in Zukunft alle Veränderungen an den Effekten sehen und deren Reihenfolge durch Anklicken und Ziehen verändern können.

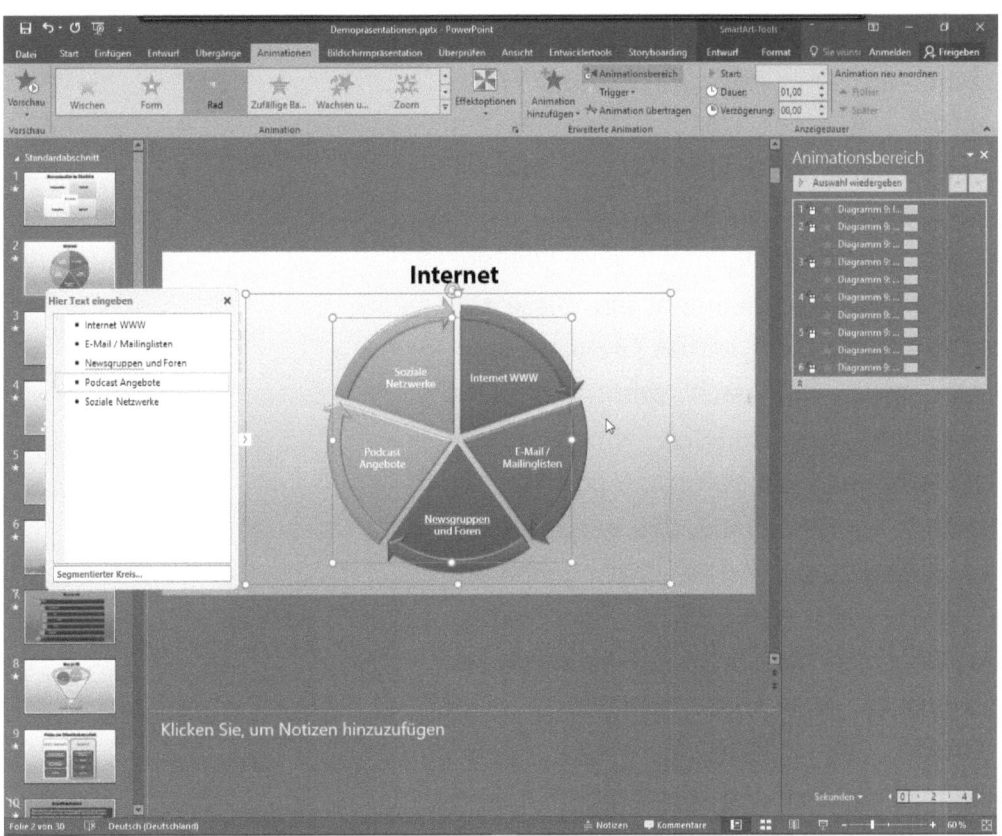

Abb. 20 SmartArt mit schrittweiser Animation und eingeblendetem Animationsbereich rechts

Wichtig: Alle Elemente der Präsentation, denen kein Effekt zugewiesen wurde, erscheinen immer sofort, wenn die Folie erscheint. Wollen wir, dass unsere Grafik z.B. erst später auf den Bildschirm fliegt, dann müssen wir das definieren.

Versuchen wir das nun mit unserer Grafik und wählen **ANIMATION HINZUFÜGEN**. Dort lässt sich auswählen, wie ein Element erscheinen soll, wie es wieder zu verschwinden hat und welchen Weg es dabei nehmen soll. Zunächst wollen wir nur ein Bild einblenden und wählen darum einen der Effekte unter **ERSCHEINEN**. Haben wir einen Effekt zugewiesen, dann wird das Objekt mit diesem Effekt sofort mit einer kleinen Nummer am linken Rand versehen, die die Reihenfolge der Animation vorgibt.

Als Nächstes fügen wir eine weitere Grafik in unser Dokument ein. Diese soll nun noch vor der ersten Grafik erscheinen, aber erst nach dem Text. Das bedeutet, wir müssen einen Effekt zuweisen und ihn dann so legen, dass er zeitlich vor dem Effekt, den wir als erstes eingegeben haben, liegt. Dazu gehen wir vor, wie beim ersten Effekt. Dann haben wir rechts in der Spalte für die benutzerdefinierte Animation schließlich zwei Effekte. Die Effekte in dieser Spalte können wir beliebig verschieben, indem wir den jeweiligen Effekt anklicken und dann mit der Maus ziehen. So ziehen

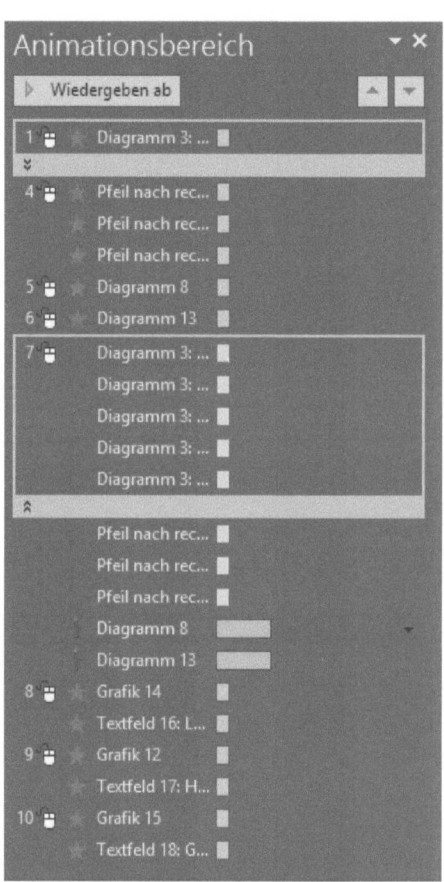

Abb. 21 Animationsbereich mit mehreren Animationen und einer Animationsgruppe (7) zum schrittweisen Erscheinen einer SmartArt

wir einfach den zweiten Effekt vor den Ersten, was die Reihenfolge beim Erscheinen verändert.

Auf die gleiche Weise wie ein Objekt eingeblendet werden kann, kann man es über **Animation hinzufügen** und dann **Ausgang** auch wieder ausblenden bzw. dauerhaft verschwinden lassen. Jedem Objekt lassen sich mehrere Effekte zuordnen. Unter den Rubriken **Hervorhebungseffekte** und **Animationspfade** findet man weitere Optionen. Dort kann man sogar bestimmen, ob eine Grafik einen bestimmten Weg über den Bildschirm nehmen oder auf einem definierten Pfad den Bildschirm wieder verlassen soll.

Als Nächstes wollen wir eine Aufzählung zeilenweise einblenden. Dazu können wir uns zwar einfach ein Textfeld einrichten, wir wählen jedoch die Option **SmartArt** und dort eines der Kreislaufdiagramme. Dieses platzieren wir auf einer leeren Seite. Dann weisen wir diesem Objekt einen Effekt zu. Wenn wir die Präsentation nun starten, dann erscheinen alle Objekte des Diagramms gleichzeitig. Um das zu ändern, wählen wir rechts in der Animationsspalte unsere Animation aus und klicken mit der rechten Maustaste darauf. Unter **Effektoptionen** können wir weitere Einstellungen vornehmen. Unter dem Reiter **SmartArt Animation** ändern wir die Einstellung von **Als einzelnes Objekt** auf **Schrittweise**.

Analog geht diese Vorgehensweise mit fast jeder Aufzählung und jeder SmartArt. Möglicherweise ist in einzelnen Fällen auch die Option zur hierarchischen Einblendung gegeben.

6.7 Foliensortierung und Überblendungen

In der Taskleiste links neben der Einstellmöglichkeit zum Zoomen der Seitengröße finden wir mehrere kleine Buttons. Diese lassen eine Auswahl zwischen **Präsentationsansicht**, **Normal** und **Foliensortierung** zu. Wir wählen hier Foliensortierung und stellen fest, dass nun alle Folien auf einem Bildschirm dargestellt werden. Das bietet bei umfangreichen Präsentationen eine bessere Übersicht. Dies wird noch unterstützt durch die Möglichkeit, mit einem Rechtsklick mit der Maus verschiedene Abschnitte definieren zu können. So lassen sich längere Präsentationen übersichtlicher gestalten.

Aus der Folienansicht heraus können wir über das **Ribbon Animationen** die Übergänge zwischen den einzelnen Folien bestimmen. Dazu klicken wir einfach auf eine Folie und wählen dann einen der vorgegebenen Effekte aus. Auch diese Effekte sollten sparsam eingesetzt werden. Sinn macht es z.B., beim Übergang einzelner Themenschwerpunkte eine andere Überblendung zu wählen, als bei den anderen Folien. Ständig wechselnde Überblendungen wirken jedoch eher ermüdend auf die Zuschauer.

Ein Klick auf Vorschau zeigt, wie der Wechsel aussehen wird.

6.8 Multimediale Inhalte einbinden und Hyperlinks setzen

Auf dem gleichen Weg wie sich Grafiken und Bilder in PowerPoint einfügen lassen, kann man auch multimediale Inhalte einfügen. Dies geht über das **Ribbon Einfügen** und den Bereich **Medien**. Diese Inhalte sollten später aber auch zusammen mit der PowerPoint Datei abgespeichert werden, sich also bei der Präsentation im gleichen Ordner befinden, da sie sonst unter Umständen nicht richtig abgespielt werden.

Multimediale Inhalte erfordern darüber hinaus auch entsprechende Rechnerleistung. Darum sollte man, bevor man sich dazu entscheidet, ein Video in eine Präsentation einzubauen, den Ablauf testen.

Unter Umständen macht es auch Sinn, die Präsentation zu unterbrechen und ein Video extern mit einem anderen Programm abzuspielen.

Um eine Datei direkt aus PowerPoint heraus zu starten, legen wir einen sogenannten Hyperlink an. Dazu klicken wir auf eine Grafik auf der Folie, von der aus wir die externe Datei starten wollen. Mit der rechten Maustaste wählen wir die Option **Hyperlink** und dann im Dialog die betreffende Datei.

Achtung: Beim Aufrufen der Datei kann es zu Meldungen des Systems kommen, ob eine potentiell unsichere Datei wirklich geöffnet werden soll. Wer dies nicht während der Präsentation sehen möchte, sollte solche Meldungen zuvor im Betriebssystem deaktivieren. Aus Sicherheitsgründen ist es anzuraten, diese Einstellung nach der Präsentation wieder zurückzusetzen.

Die Option, Dateien als Hyperlink aufzurufen, ist auch die einzige Möglichkeit, innerhalb einer Präsentation sowohl Folien im Hochformat, als auch im Querformat darzustellen. PowerPoint kann zwar sowohl hoch-, als auch querformatige Folien darstellen, jedoch nicht in einer Präsentation. Wenn man aber per Hyperlink zwischen zwei Präsentationen wechselt, dann funktioniert auch dies.

Auf diese Weise kann man auch ergänzende Inhalte in eine andere Präsentation auslagern, die man nur bei Bedarf, z.B. Rückfragen der Zuschauer, aufruft bzw. wenn man die nötige Zeit für diese Ergänzung hat.

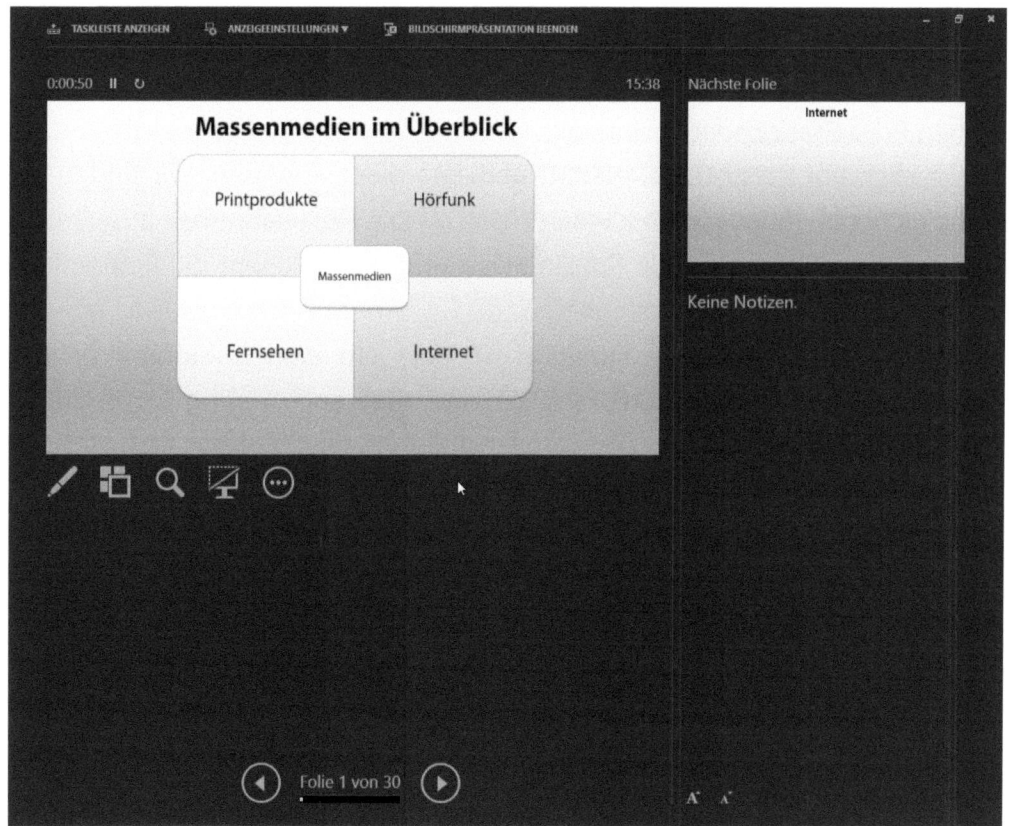

Abb. 22 Die Referentenansicht bei der Präsentation über Beamer oder zweiten Monitor

6.9 Präsentieren, was wir zeigen wollen

Natürlich kann man die Präsentation dann so ablaufen lassen, wie dies früher der Fall war. Wir zeigen, was wir als Präsentation erarbeitet haben und machen uns auf Kärtchen oder in einem Ordner, der neben dem Notebook liegt, Notizen zu dem, was wir vortragen möchten. Sinnvoll ist sicherlich, dass man das, was man im Rahmen der Präsentation kommunizieren möchte, auch auswendig kennt. Und doch ist es in einigen Fällen sinnvoll, auf dem Notebook zusätzlich Informationen einzublenden, die man als Referent benötigt, die die Zuschauer aber nicht sehen sollen. Die Option, die uns dies ermöglicht heißt Referentenansicht. Die Zuschauer sehen dann die Präsentation, der Referent hingegen eine andere Version, bei der neben der aktuellen Folie die nächste Folie bzw. die nächste Einblendung zu sehen ist und ebenfalls die zuvor eingegebenen Kommentare. Für den Referenten wird auch eine Zeitnahme eingeblendet, die ständig einen Überblick über die schon verstrichene Zeit gibt. Dies ist insbesondere bei einer vorgegebenen Präsentationsdauer sinnvoll.

Ein Klick auf **REFERENTENANSICHT** aktiviert diese Funktion. Wir finden sie ganz rechts im **RIBBON BILDSCHIRMPRÄSENTATION**. Dort kann man auswählen, auf welchem Bildschirm die Präsentation und auf welchem die Referentenansicht erscheinen soll.

Voraussetzung für diese Funktion ist, dass ein zweiter Monitor (in der Regel der Beamer) angeschlossen ist und dies auch richtig im Betriebssystem eingerichtet wurde. Da diese Einstellung von Notebook zu Notebook unterschiedlich ist, kann ich dazu an dieser Stelle keine genaue Beschreibung geben.

Leider zeigt PowerPoint in der Version 2016 nur noch das jeweils nächste Element, das eingeblendet wird. Um eine Übersicht mehrerer folgender Folien zu erhalten, müssen wir auf einen der Optionsbuttons unter der Foliendarstellung der Referentenansicht klicken. Dort haben wir von links nach rechts folgende Optionen:

Stift: Wir können auf/in die Folien zeichnen, einen Textmarker benutzen und mit dem Radierer diese Anmerkungen auch wieder löschen. Was wir zeichnen oder markieren, ist dann sofort auf der Präsentation zu sehen.

Folienübersicht: Zeigt alle Folien der Präsentation in einer Übersicht an. Die Anzeige auf dem Beamer bleibt dabei unverändert.

Lupe: Mit einem Klick darauf kann man einen Bereich der Folie vergrößern. Dies ist dann auch sofort auf dem Beamer zu sehen. So lassen sich kleine Bereiche z.B. in großen Grafiken, besser lesen.

Bildschirm: Hier können wir das Beamer-Bild schwarz ausblenden bzw. wieder einblenden. Den gleichen Effekt hat es, während der Präsentation die Taste **S** für Schwarz oder **W** für Weiß zu drücken.

Drei Punkte: Hier können wir weitere Optionen wählen, wie das Einblenden der Taskleiste in unserer Ansicht oder das Beenden der Referentenansicht.

Achtung: Einige Windows-Versionen, wie sie z.B. in Netbooks vorkommen, können nicht gleichzeitig zwei Bildschirme mit unterschiedlichen Bildern versorgen. Dort sind diese Funktionen dann nicht möglich.

Natürlich gibt es noch viele weitere Funktionen in PowerPoint. So lassen sich z.B. Effekte mit Tönen kombinieren und Musik präsentationsbegleitend abspielen. In den meisten Fällen macht dies aber keinen Sinn und stört nur den Fluss der Präsentation und, gerade wenn es zu »Hängern« kommt, dann nicht selten auch die Konzentration des Vortragenden.

Doch entscheidend ist nicht nur, was wir als Vortragender sehen, entscheidend für den Erfolg ist auch, was der Zuschauer »mitnimmt«. Darum sind »Textwüsten« genauso zu vermeiden, wie zu kleine Schrift. Ob etwas in # 36 Punkt Schriftgröße oder in nur 8 Punkt Größe an die Wand geworfen wird, macht durchaus einen Unterschied. Weniger als 20

Punkte sollte eine Präsentationsschrift nicht haben und sie sollte nicht in einer zu abenteuerlichen Schriftart daherkommen. Serifenlose Schriften, wie Helvetica oder Arial bieten sich hier an ehesten an. Dies ist noch aus einem anderen Grund wichtig. Ist das System, auf dem wir unsere Präsentation zeigen ein anderes, als das, auf dem wir sie erstellt haben, muss die Schriftart dort auch installiert sein, sonst kommt es zu Darstellungsfehlern.

7. Lass Zahlen sprechen - Excel

7.1 Was ist eine Tabellenkalkulation?

Excel ist eine Tabellenkalkulation und der Name sagt auch fast schon, was das Programm macht. Es kalkuliert (also rechnet) in Tabellen. Mit Excel können oft wiederkehrende Berechnungen einfacher durchgeführt werden. Abhängig von einer Eingabe in einem Feld kann sich das Ergebnis in einem anderen Feld sofort ändern, und zwar nach vorher bestimmten Regeln (z.B. einer Formel).

Ein Beispiel:
Wir sind in den USA 186 Meilen von Baltimore nach New York City gefahren. Wie viel Kilometer waren das? Hier geben wir in Feld A 186 ein, geben dann die Formel zur Kilometerberechnung ein (in unserem Fall 1609,344*Inhalt Feld A) und erhalten 299337,984 Meter also rund 299 km. Sind wir hingegen nur 150 Meilen gefahren, geben wir diesen Wert in Feld A ein und als Ergebnis wird uns sofort 24140,6 ausgeworfen. Das klingt zu kompliziert? Auf den ersten Blick schon, aber stellen wir uns vor, wir müssten nicht nur diesen einen Wert berechnen, sondern noch 25 andere Entfernungen. Wie willkommen ist dann ein Programm, das immer wiederkehrende Berechnungen automatisch durchführt.

Auch und gerade für eine Arbeit im Rahmen von Schule, Studium oder Beruf, kann eine automatisierte Berechnung sinnvoll sein. In dieser Handreichung werden wir nur einige sehr einfache Grundlagen von Excel beschreiben. Die Möglichkeiten des Programms sind sehr viel weitreichender, als es hier in diesem kurzen Extrakapitel behandelt werden kann.

7.2 Grundlegendes

Wir wollen mit einigen einfachen Übungen beginnen. Dazu öffnen wir zunächst ein leeres Tabellenblatt, indem wir einfach Excel starten, wie wir dies von Word und PowerPoint schon kennen.

Unser Bildschirm sieht dann etwa so aus, wie im Bild unten.

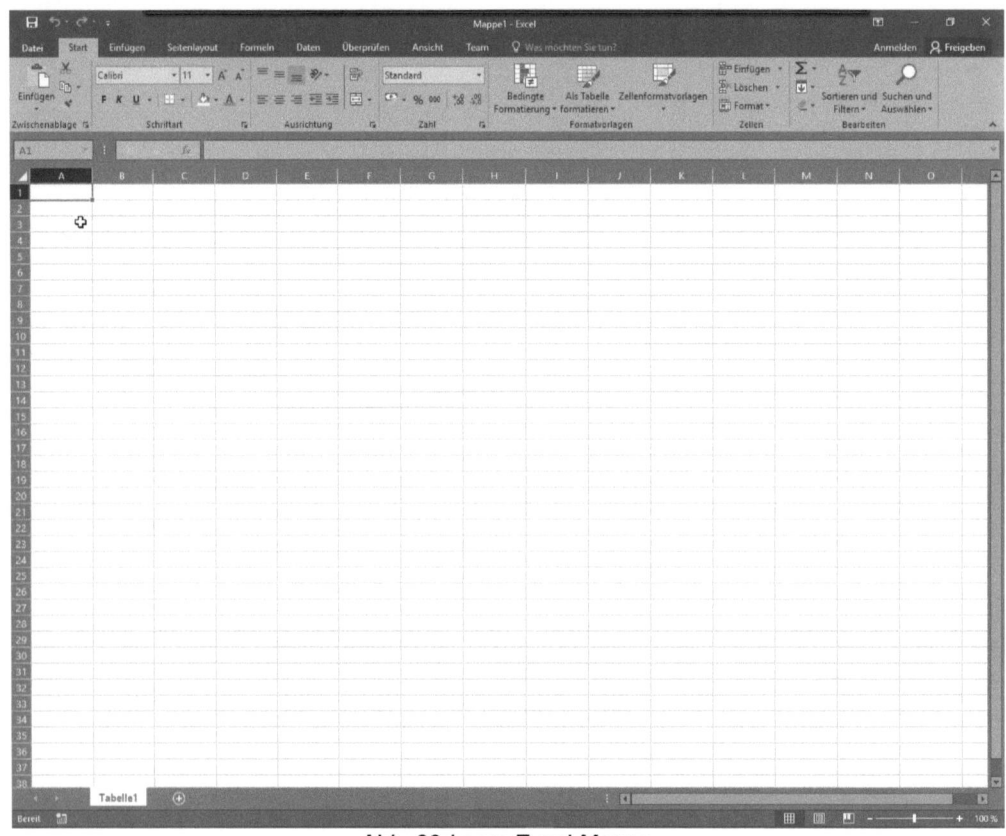

Abb. 23 Leere Excel Mappe

Die Bedienung der Ribbons kennen wir schon aus Word und PowerPoint. Bei Excel sehen sie im Prinzip genauso aus, sind aber natürlich mit den Optionen für die Tabellenkalkulation gefüllt. Das Ribbon Start ist aber ähnlich aufgebaut, wie wir es aus Word kennen.

Jedes Feld der Tabelle ist einzeln benannt, und zwar horizontal mit Buchstaben (A-Z und nachfolgend AA, AB, AC...) und vertikal mit Zahlen. So kann jedes Feld genau definiert werden. Das oberste linke Feld heißt somit A1.

Wir geben nun eine fiktive Tabelle mit erfundenen Besucherzahlen eines Hallenbades ein. Dazu geben wir ganz links in das Feld A1 „Jahr" ein. In das Feld A2 geben wir „Besucher" ein.

Nun füllen wir die folgenden Felder mit erfundenen Werten zu den vergangenen 10 Jahren. Das können wir entweder, indem wir jeweils die Jahreszahl eingeben oder indem wir uns eine Automatisierungsfunktion von Office zu Nutze machen. Hierzu nutzen wir das Ausfüllkästchen (Das kleine schwarze Kästchen in der rechten unteren Ecke der Markierung). Wenn wir auf das Ausfüllkästchen zeigen, nimmt der Mauszeiger die Form eines schwarzen Kreuzes an. So können wir Zellen in einem Bereich schnell mit einer Reihe von Zahlen oder Datumswerten oder mit einer integrierten Reihe für Tage, Wochentage, Monate oder Jahre ausfüllen.

Dazu markieren wir zunächst die erste Zelle in dem Bereich, den wir ausfüllen möchten, dann geben wir den Wert ein, mit dem die Nummerierung beginnen soll, in unserem Fall z.B. 2010. Danach geben wir in der nächsten Zelle den nächsten Wert ein, um ein Muster festzulegen, in unserem Fall also 2011. Dann markieren wir die Zellen, in die wir unsere Reihenfolge eingegeben haben und ziehen das Ausfüllkästchen über den Bereich, den wir ausfüllen möchten. Und schon haben wir eine Tabelle mit Jahreszahlen von 2010 bis... zum von uns gezogenen Endpunkt. Das funktioniert natürlich auch mit anderen »Folgen«, also z.B. Datumsangaben oder Wochentagen. Nachdem wir mit der Maus unseren Endpunkt der Reihe erreicht haben, erscheint ein kleines Kästchen, das, wenn wir darauf klicken, noch weitere Auswahlmöglichkeiten zulässt, wie die Reihe formatiert werden soll. So wäre es auch möglich, ins Feld A2 nur einen Wert einzugeben, also z.B. 2005, und dann eine Reihe zu bilden, die in unserem Fall in jedem Feld 2005 darstellen würde. Am Ende könnten wir dann im Dialogfeld auswählen, dass es sich bei dieser Reihe um eine »Datenreihe« handelt und aus der Reihe 2005,2005,2005,2005 würde dann 2005,2006,2007,2008.

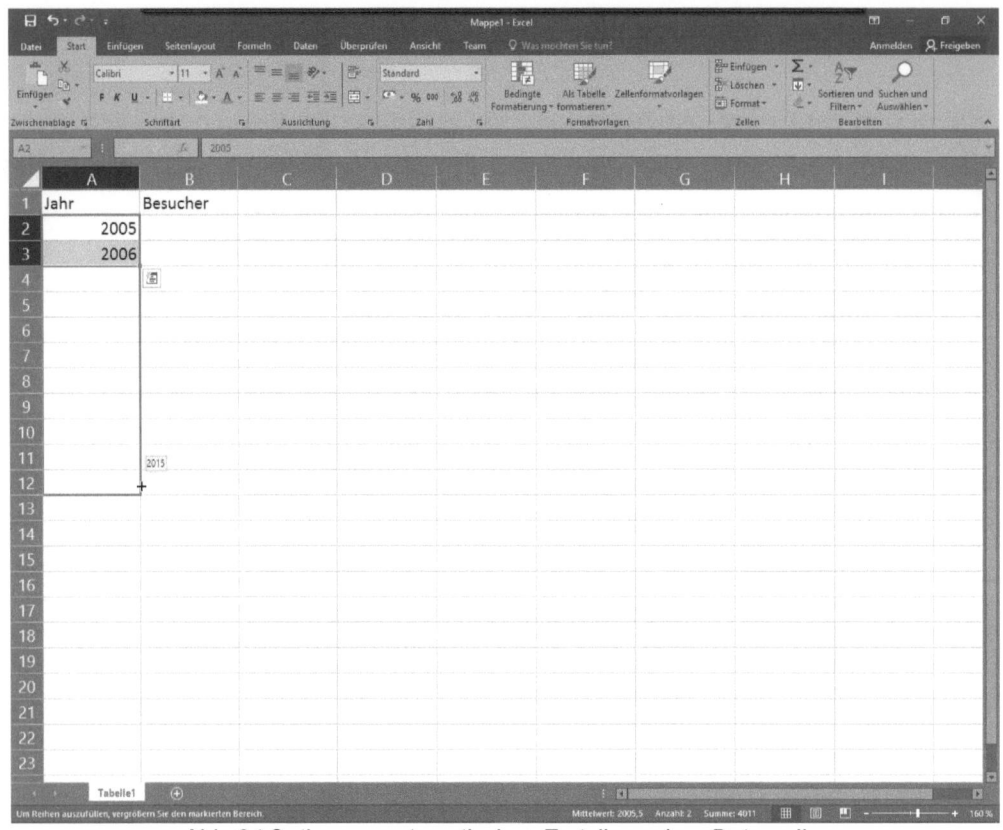

Abb. 24 Option zur automatischen Erstellung einer Datenreihe

Eine Tabellenkalkulation soll uns, wie oben beschrieben, dabei helfen, Berechnungen einfach und schnell durchzuführen und zu wiederholen, auch wenn sich einzelne Elemente in der Berechnung ändern. Generell stehen fast alle wichtigen mathematischen Formeln zur Verfügung bzw. können eingegeben werden. Wir beschränken uns hier in diesen Übungen auf Berechnungen in den vier Grundrechenarten. Im Internet führt eine einfache Suche nach der gewünschten Formel in Verbindung mit dem Begriff Excel aber schnell zur passenden Formel.

Ob Zinsberechnung oder Body-Mass-Index, entweder man findet eine einfache Formel oder es gibt sogar schon fertig erstellte Excel Tabellen zum jeweiligen Problem. Auch wenn das etwas faul klingt, so ist es doch, gerade, wenn wir unsere Arbeit unter Zeitdruck erstellen müssen, besser, auf fertige Vorlagen aus dem Internet zurückzugreifen, als das Rad neu zu erfinden.

Darum geht es auf den folgenden Seiten weniger um die Formel, sondern mehr darum, was man dann aus den damit erstellten Berechnungen machen kann und wie man sie in sein Word-Dokument oder in seine Präsentation einfügen kann.

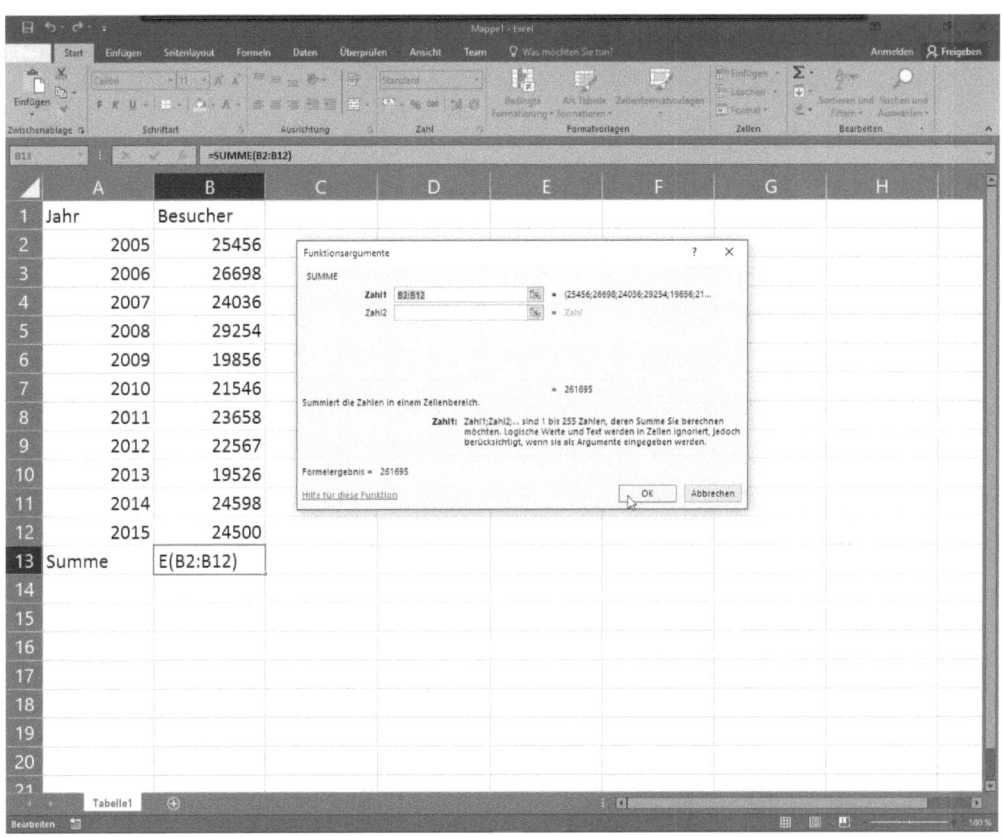

Abb. 25 Erstellung der Funktion zur Summenbildung von Feld B2 bis B12

Zunächst wollen wir nun alle Besucherzahlen addieren. Dazu gehen wir in die erste Zeile unter dem letzten Jahr/Wert und klicken dann mit der Maus auf das Funktionszeichen **f_x** über der Tabelle. Unter Excel wird uns nach dem Klicken auf das Fx-Symbol zunächst eine Auswahl von Funktionen gezeigt. Hier wählen wir **Summe**. Excel schlägt uns hier einen Additionsbereich vor. Dieser stimmt im Beispiel mit unseren Wünschen überein. Sollte dies nicht so sein, so lässt sich der Bereich mit der Maus oder über die Eingabe des Bereichs im Feld „Zahl1" verändern. In unserem Fall stimmt B2:B12 aber zum Glück.

7.3 Veränderungen an Tabellen

7.3.1 Zeilen einfügen

Tabellen sind selten endgültig, und natürlich wollen wir auch an unserer Tabelle noch einiges verändern. Zunächst nehmen wir uns vor, das aktuelle Jahr 20xx in zwei Halbjahre zu unterteilen. Dazu gehen wir links neben die Zeile mit der betreffenden Jahreszahl und klicken einmal mit der Maus. Die Zeile wird nun ganz markiert. Wenn wir nun mit der rechten Maustaste klicken, können wir Zeilen einfügen. In die frei gewordene Zeile geben wir nun »Erstes Halbjahr 20xx« ein und ändern die Zeile darunter in »Zweites Halbjahr 20xx«. Im **Ribbon Start** gibt es im Bereich **Zellen** ebenfalls eine Möglichkeit, neue Zeilen einzufügen oder eben auch zu löschen.

7.3.2 Spaltenbereiten

Wie wir sofort sehen, passt der Text nach unserer Änderung nicht mehr in die Spalte. Wir haben nun zwei Möglichkeiten. Entweder, wir gehen mit der Maus in die Zeile mit der Spaltenbeschriftung und klicken genau auf den Trennstrich zwischen zwei Spalten, halten die Maus gedrückt und verschieben dann den Spaltenrand, oder wir klicken mit der rechten Maustaste auf die Spaltenbeschriftung, wählen aus dem dann erscheinenden Menü den

Befehl **SPALTENBREITE** und geben dann den Wert an, den wir benötigen. Nun sollte wieder der ganze Text sichtbar sein.

Alternativ können wir im **Ribbon Start** auch in den Bereich **Zellen** klicken und dort unter **FORMAT** dann die Anpassung vornehmen. An dieser Stelle lässt sich die Zellenbreite und natürlich die Höhe der Zellen auch automatisch anpassen.

7.3.3 Werte ändern

Nun ändern wir den Wert für das zweite Halbjahr, indem wir den von uns eingegebenen Wert durch zwei teilen und entsprechend auf die Felder verteilen.

Wir stellen fest: Die Summe der Besucher hat sich nicht verändert. Das Programm hat also die neue Zeile in die Berechnung übernommen. Dies ist wichtig, denn so können wir sicher sein, dass nachträglich eingefügte Zeilen mit berechnet werden. Letztendlich sollte man aber immer auf das Ergebnisfeld klicken. Dann sieht man im Feld die Berechnung und oben, in der so genannten Bearbeitungszeile, welche Formel hinter der Berechnung steht. Wollen wir z.B. alle Zahlen von B2 bis B25 addieren, dann muss dieser Zahlenraum auch angegeben sein, es muss also als Formel für die Berechnung folgendes in der Bearbeitungsleiste stehen: =SUMME(B2:B22). Der Doppelpunkt ist in diesem Fall kein Geteilt-Zeichen. Wenn wir B2 durch B22 teilen wollten, dann wäre der Befehl: =QUOTIENT(B2:B22) oder alternativ auch: =(B2/B22). In Excel sind die mathematischen Berechnungen mit

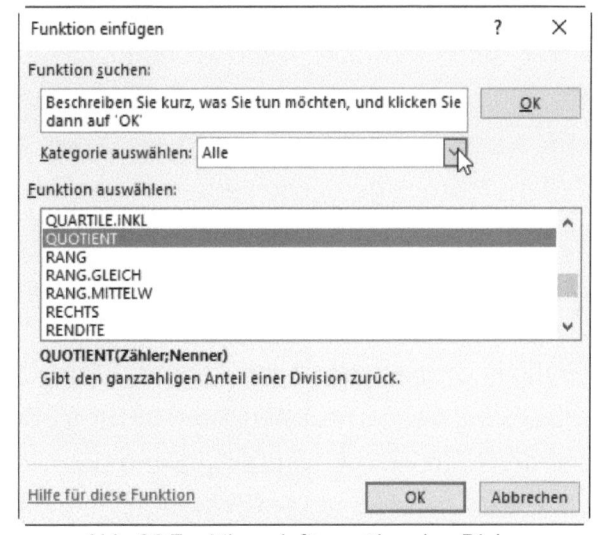

Abb. 26 Funktion einfügen über den Dialog

den jeweiligen Fachbegriffen bezeichnet, also z.B. Produkt, Summe oder eben Quotient.

7.3.4 Weitere Funktionen

In ähnlicher Weise lassen sich viele weitere Funktionen der Tabellenkalkulation nutzen. Summe, Produkt, Quotient, Mittelwert. Im Optionsfeld zum Einfügen der Funktion sind diese einzelnen Berechnungen in Gruppen zusammengefasst. Über **KATEGORIE AUSWÄHLEN** kann man die verschiedenen Bereiche anwählen und sich die dortigen Funktionen anschauen, sofern man die Bedeutung des jeweiligen Fachbegriffs kennt. Eine kurze Beschreibung findet man aber direkt beim Klick auf die jeweilige Funktion.

7.3.5 Optische Hervorhebung von Zeilen

Als Nächstes wollen wir unseren Gesamtwert aller Jahre optisch etwas hervorheben. Dazu gehen wir mit der Maus in diese Zelle und klicken rechts. Aus dem Menü wählen wir **ZELLE FORMATIEREN**. In dem dann erscheinenden Fenster haben wir die Möglichkeit, die verschiedensten Einstellungen für diese Zelle vorzunehmen. Wir können die Farbe, die Darstellung der Zahlen, die Schrift und mögliche Unterstreichungen bestimmen und festlegen, ob und wo die Zellen umrandet sein sollen.

Wir probieren die verschiedenen Einstellungen aus. Insbesondere der Bereich zur Ausrichtung einer Zelle ist interessant, denn hier kann nicht nur eingegeben werden, ob innerhalb einer schmalen Zelle mit viel Text ein Zeilenumbruch gemacht werden soll, sondern es lässt sich hier auch die Ausrichtung des Textes einer Zelle stufenlos verändern.

7.3.6 Bilder sagen mehr als Zahlen

Grafiken prägen sich in der Regel besser ein, als einfache Zahlen. Schließlich gibt es bei der Fernsehberichterstattung über Wahlen auch nicht nur Zahlen auf dem Bildschirm, sondern Balken oder Tortendiagramme. Auch bei unserer Arbeit kann es unter Umständen sinnvoll sein, mit Grafiken zu arbeiten.

Bei aller Freude über die vielfältigen Möglichkeiten der grafischen Umsetzung von Zahlenmaterial sollte aber immer die Lesbarkeit in Vordergrund stehen.

Diagramme lassen sich mit Excel sehr leicht erstellen. Dazu markieren wir zunächst alle Zellen der Spalte Besucher, in denen wir einen Wert oder ein Wort stehen haben, außer das Gesamtergebnis. Dann gehen wir auf das **RIBBON EINFÜGEN** und wählen dort im Bereich Diagramme eine Diagrammform aus. Es macht Sinn, sich hier an **EMPFOHLENE DIAGRAMME** zu halten.

Das Diagramm erscheint dann neben unserer Tabelle. Indem wir es am Rand mit der Maus anfassen, können wir es verschieben. Alternativ kann man auch im nun erschienenen **RIBBON ENTWURF** ganz rechts über den

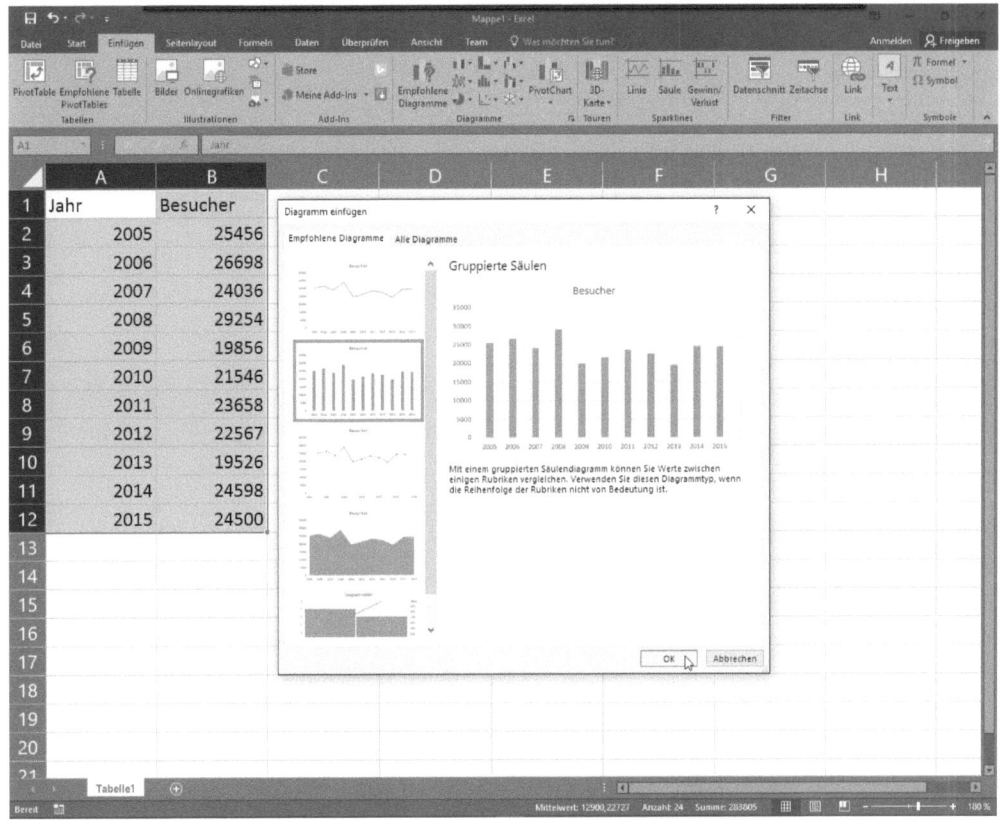

Abb. 27 Auswahldialog zur Erstellung eines Diagramms

Button **Verschieben** angeben, dass die Grafik in einem extra Tabellenblatt erscheinen soll.

Unsere Grafik zeigt nun links die Besucherwerte als Balken für die Zahl der Besucher.

Unter Umständen finden wir aber unter den Balken nur Zahlen von 1 bis 10. Hier wollen wir jedoch später die Jahreszahlen eingeblendet haben. Dazu gehen wir im **Ribbon Entwurf** auf **Daten** und dann auf **Daten Auswählen**. Im dann erscheinenden Dialog klicken wir im Bereich **Horizontale Achsenbeschriftung** auf **Bearbeiten** und geben im Fenster dann entweder den Bereich der Tabelle ein, in dem unsere Jahreszahlen stehen oder markieren diese mit der Maus. Die Markierung mit der Maus ist übrigens klar vorzuziehen. Im Test mit einer aktuellen Excel 2016-Version waren die Jahres-

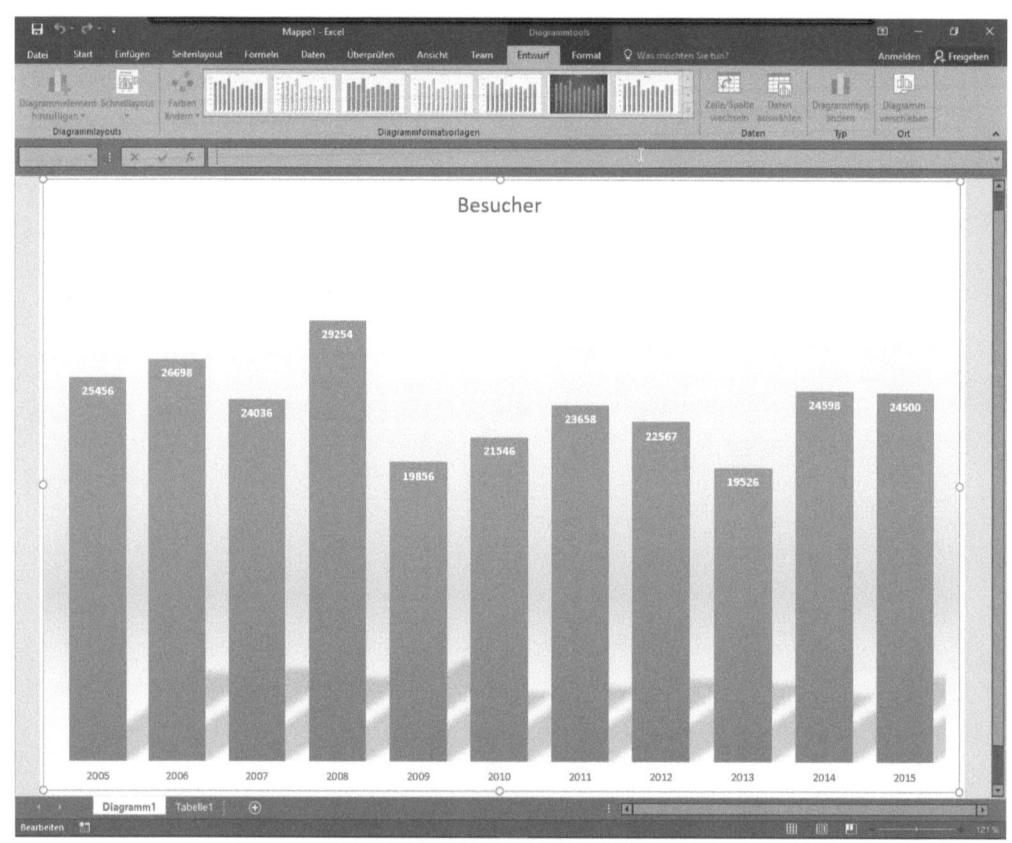

Abb. 28 Fertige Balkengrafik

zahlen allerdings schon eingefügt, so dass diese Anpassung unter Umständen nur bei älteren Versionen nötig ist.

An den Diagrammen lassen sich noch zahlreiche weitere Einzelheiten verändern. Am einfachsten geht dies im **Ribbon Entwurf** über die **Schnellformatvorlagen**. Allerdings lassen sich auch einzelne Elemente verändern.

Dazu klicken wir zunächst auf das Diagramm, um in den Bearbeitungsmodus zu kommen. Dann markieren wir einen Balken des Diagramms per Doppelklick.

Achtung: Klicken wir nur einmal, dann werden alle Balken markiert. Erst der Doppelklick wählt einen spezifischen Balken aus.

Über einen Rechtsmausklick und dann **Datenbeschriftung hinzufügen** können wir z.B. den Zahlenwert, der sich hinter dem Balken verbirgt, einblenden. Wechseln wir bei markiertem Balken in das **Ribbon Start**, können wir z.B. auch die Farbe des Balkens einzeln unabhängig von der gewählten Schnellformatvorlage verändern.

Unter Office 2016 lassen sich darüber hinaus auch durch einen Klick auf eines der Kontrollkästchen am rechten Rand der Grafik Diagrammelemente anpassen und verändern.

7.4 Übertragen in Word und PowerPoint

Zwar kann man in gewissen Grenzen Tabellen und somit auch Diagramme direkt aus Word und/oder PowerPoint erzeugen und dann dort ins Dokument übernehmen. Es funktioniert aber ebenfalls, ein fertiges Diagramm aus Excel auszuschneiden und dann in Word oder PowerPoint einzufügen. Übrigens lässt sich so ein Diagramm dann auch, wie eine SmartArt, balken- oder tortenstückweise einblenden.

8. Ribbons selbst anpassen

Mit Office 2016 ist es möglich, eigene Ribbons zu erstellen, die die Befehle enthalten, die wir bei unserer Arbeit benötigen. Dazu gehen wir über **DATEI** in die Word Optionen und klicken dort links auf den Befehl **MENÜLEISTE ANPASSEN**. Wir sehen dann links unsere zur Verfügung stehenden Befehle. Unter Umständen müssen wir oben bei **BEFEHL AUSWÄHLEN** statt der Option **HÄUFIG VERWENDETE BEFEHLE, ALLE BEFEHLE** wählen. Rechts finden wir die verschiedenen Hauptregistrierkarten. Mit einem Klick auf **NEUE REGISTRIERKARTE** können wir hier eine neue Karte erstellen, die wir nochmals in verschiedene Gruppen unterteilen können. Dann ziehen wir den gewünschten Befehl von links einfach an den von uns gewünschten Ort in der rechten Spalte. Zum Schluss schließen wir diesen Dialog und unser neues Ribbon ist gespeichert. Übrigens lässt sich so ein angepasstes Ribbon auch exportieren und nachher wieder importieren. Leider funktioniert diese Art der Ribbon Bearbeitung unter Office 2007 noch nicht.

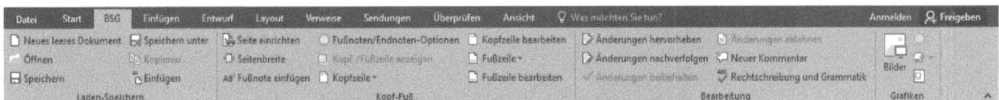

Abb. 29 Selbst erstelltes Ribbon

9. Nachwort und letzte Tipps

Auf den vorangegangenen Seiten habe ich versucht, so kurz wie möglich die wichtigsten Features von Word und PowerPoint vorzustellen und einen kurzen Ausflug in die Welt der Tabellenkalkulation am Beispiel von Excel unternommen. Viele Leser werden nun sicherlich überrascht sein, was man alles mit Word und PowerPoint machen kann. Und doch ist dies nur ein sehr, sehr kurzer Einstieg in diese Programme. So habe ich z.B. den gesamten Bereich der Serienbrief-Optionen in Verbindung mit Word und Excel ausgelassen, da er für die Erstellung einer Projekt- oder Studienarbeit in den wenigsten Fällen interessant ist.

Auch wenn die in diesem Buch gegebenen Ablaufbeschreibungen nach bestem Wissen erstellt wurden, kann ich nicht ausschließen, dass auf dem einen oder anderen Computer der Bildschirm plötzlich ganz anders aussieht, als dies hier beschrieben ist. In solchen Fällen stehe ich aber gerne per Mail mit Rat und Tat zu Seite.

Oft helfen aber auch schon einige kleine Kniffe, um dann doch noch zur Lösung zu gelangen. Manchmal hilft es, alle Formatierungen eines Textes (also z.B. auch das Format Überschrift) zu löschen, um dann das gewünschte Format neu einzugeben. Wenn gewisse Optionen nicht zur Auswahl stehen, obwohl Sie eine aktuelle Programmversion einsetzen, kann dies daran liegen, dass Sie auf dieser aktuellen Version eine Datei in einem älteren Format (DOC statt DOCX) geladen haben.

Und manchmal hilft es auch, den Rechner einfach auszustellen, eine gewisse Zeit lang etwas ganz anderes zu machen und sich dann nach einer Weile wieder mit neuem Elan der Arbeit zu widmen. Vielleicht sieht man die Dinge dann klarer.

Ich wünschen Ihnen, viel Erfolg bei der Erstellung Ihrer Arbeit, egal, ob für die Schule, das Studium, den Beruf oder einfach nur, weil Sie Spaß daran haben.

10. Einige wichtige Tastenkürzel

Strg+A	alles markieren
Strg+C	markierten Bereich ausschneiden
Strg+E	Text zentrieren
Strg+K	Hyperlink einfügen
Strg+L	Text linksbündig
Strg+O	Dokument öffnen
Strg+P	Dokument drucken
Strg+R	Text rechtsbündig
Strg+S	Dokument speichern
Strg+V	einfügen der Zwischenablage
Strg+Z	letzte Aktion rückgängig machen
Strg+Shift+U	unterstreichen von Text
Strg+Shift+F	fett formatieren von Text
Strg+Shift+K	kursiv formatieren von Text
Shift+Return	Zeilenumbruch
Strg+Return	Seitenumbruch
Strg+Shift+*	nicht druckbare Zeichen ein bzw. ausschalten
Alt+Strg+F	Fußnote einfügen

Hier sind nur die wichtigsten Tastenkombinationen aufgeführt. Es gibt noch eine große Anzahl weiterer Möglichkeiten, Office mit der Tastatur zu bedienen.

Eine Liste aller Tastenkürzel ist in der Office Hilfe verfügbar. Hierzu reicht es, in das Feld »Was möchten Sie tun?« das Suchwort »Tastenkombinationen einzugeben.

11. Stichwortverzeichnis

Absatz	36
Abschnittsumbruch	50
Abschnittswechsel	50
Abspeichern	40
Animation	63-66
Animation hinzufügen	63-65
Ansichten	18
Auto Wiederherstellen-Informationen	52
Änderungen	55
Animation	65
Betriebssystem	12
Bildschirmpräsentation	62, 68
Datenbeschriftung	81
DOC	29-30, 85
DOCX	30
Dokumentprüfung	31
Druckdialog	51
Einfügen	23, 27, 36, 42-44, 53, 62, 66, 76-79
Einzug	38
Empfohlene Diagramme	79
Entfernen	36
Erscheinen	26, 29, 40, 48, 64-65, 68, 76, 80
Exportieren	40
FN-Taste	13
Foliengröße	59
Foliensortierung	65
Folienübersicht	69
Formatierungen	40
Formatierungszeichen	36
Formatvorlagen	38, 46
Fußnote	42-43
Fußzeile	42, 50
Hardware	12
Horizontale Achsenbeschriftung	80
Hyperlink	66-67
Inhaltsverzeichnis	47-48

Kapitelüberschriften	45, 48
Kommentare	54-55, 68
Kopfzeile	41-42, 50
Kopieren	37
kursiv	40
leeres Dokument	25
Lineal	38
Lupe	69
Menüleiste	18, 26, 83
Musterseite	39
Neue Folie	60
Neue Zeile	36
Neuer Absatz	36
Nummerierung	34
ODT	30
OpenOffice	29-30
Optionen	31, 40, 49, 51, 65, 68-69, 72, 83, 85
Ordner anlegen	19
Papierformat	39
Präsentationsansicht	65
Rechtschreibung	48
Referentenansicht	67-69
Return-Taste	13, 32, 36
Ribbons selbst anpassen	83
Schnellformatvorlagen	81
Schnelltabellen	44
Schnellzugriffsleiste	26
Schriftart	27-28, 33-34, 40, 52, 62
Seite einrichten	39
Seitenansicht	39
Seitenränder	39
Seitenumbruch	49
Seitenzahlenformat	42
SmartArt	30, 53, 62-63, 81
Software	11-12, 17, 52
Speichern	40
Speichern unter	29, 40
Strg+Z	37
Strg-Taste	13-14, 34, 48
Tab-Taste	38
Tabelle	10, 12, 15, 21, 36, 43-45, 71-76, 78-81, 85

Taskleiste	17-18, 65, 69
Tastatur	11-14, 23, 34, 43
Textumbruch	43
Überprüfen	31, 54-55
Verweise	42, 48
Word Optionen	51
Zeilenabstandsoptionen	37
Zeilenumbruch	36, 49, 78
Zeitnahme	68
Zelle formatieren	78
Zwischenablage	37

Was ich mir merken will:

Was ich mir merken will:

Kontakt zum Autor

Heiko Reckert
Internet: www.reckert-online.de
Facebook: www.facebook.com/heiko.reckert.7
E-Mail: heiko.reckert@gmail.com